Kanji for beginne

漢字マスターN4

日本語能力試験N4レベル

アークアカデミー編著

三修社

本書をお使いのかたへ

1. はじめに

本書は、初級レベルの漢字を楽しみながらしっかり学ぶことを目指しています。「漢字マスターシリーズ」を使って学習を進めると、全シリーズ修了時には、2010 年 11 月 30 日告示の「改定常用漢字表」一覧に掲載された 2136 字と、その他に使用頻度が高いと思われる表外字 14 字を加えた 2150 字が習得できます。

本シリーズは、漢字とともに多くの語彙や慣用句も一緒に習得できるように作られています。提示した語例や例文は、日常生活の中で身近に接することが多いものをとりあげました。したがって、漢字そのものの学習と共に、生活の中でよく使われることばや表現を増やすことが可能です。また、非漢字圏の方にも学びやすいように、漢字には全てルビを振りました。プレッシャーを感じることなく漢字の能力を伸ばすことができるでしょう。

2. 本書の構成

本書には 209 字の漢字を掲載しました。「漢字マスター N5」で掲載した基礎漢字と合わせると、合計 327 字の習得が可能です。

漢字は、学習者が親しみやすく感じられるように、カテゴリー別に分類しました。カテゴリーは日常生活の中の身近な場面をイメージできることを重視し、配列してあります。さらに小タイトルをつけ、効率よく学べるようにしました。1 ページは原則として 2 文字です。1 日 1 ～2ページのように計画をたてて効率的に学習しましょう。本書に掲載した漢字は N3 レベルに進む前に必ずマスターしてください。

3. 学習方法

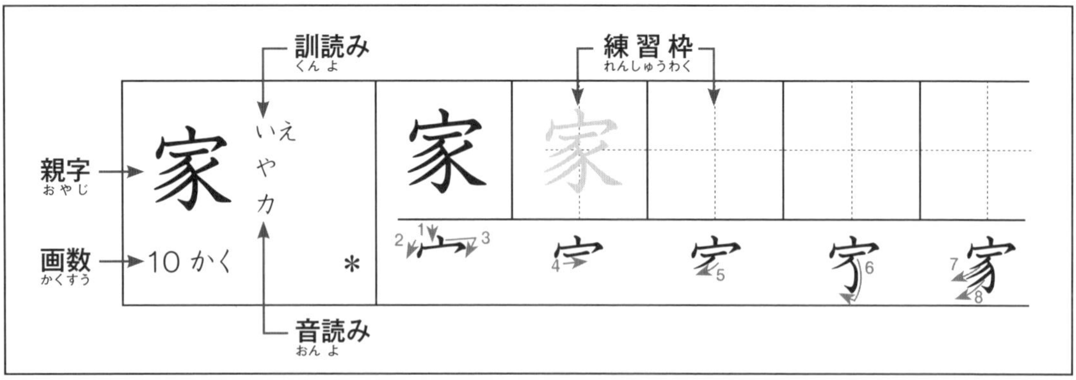

（1）学習漢字

漢字を学習する際の手順を次に示します。

① タイトルごとのイラストでどんな漢字を学習するか理解します。

② 各ページの親字を確認します。

③ 新しく学ぶ親字の横にある、訓読みと音読みを確認します。読みは「改定常用漢字表」にある訓読み・音読みを載せました。ただし、N４レベルではないと判断したものは、＊をつけ、「そのほかの読み方」としてとりあげました。
④ 親字の下にある画数を確認します。
⑤ 筆順を確認しながら、視写を繰り返し、正しい字形を覚えます。
⑥「漢字を読みましょう」「漢字を書きましょう」の問題に進みます。

（2）学習の流れ

漢字学習 ☑ → 復習 ☑ → アチーブメントテスト ☑ → クイズ ☑ → まとめテスト ☑

まず、漢字の読み、正しい書き方を１文字ずつ着実に覚えます。その漢字をどのように使うのかを習得し、復習へと進みます。学習した漢字の定着度の確認や苦手な漢字の発見に活用してください。

また、アチーブメントテストを１章ごとに用意しました。学習に変化をつけ、楽しみながら学ぶためにクイズも各章にありますので、宿題やテスト等に活用してください。総復習として、１～４章、５～９章のまとめテストもついていますので、自身のレベルチェックにご利用ください。

目次には、理解度の把握のためにチェック欄☑、および学習日欄（　／　）をつけました。独学の場合も授業で取り扱う場合も、学習計画や定着度確認等に役立ててください。

皆様の漢字学習が成功することを執筆者一同心から願っています。

2012年３月　アークアカデミー

「漢字マスターシリーズ」

①「かなマスター」
(Mastering KANA in 12 days with pronunciation and vocabulary)

②「漢字マスターN5」
(Introduction to Kanji)

③「漢字マスターN4」
(Kanji for beginners)

④「漢字マスターN3」
(Kanji for intermediate level)

⑤「漢字マスターN2」
(Kanji for high-intermediate level)

⑥「漢字マスターN1」
(Kanji for advanced level)

漢字マスターN4 目次

1章(しょう)
家族(かぞく)の生(せい)かつ

1 家族(かぞく)

あなたは　何人家族(なんにんかぞく)ですか。
家族(かぞく)の　話(はなし)を　聞(き)いたり　話(はな)したり　できるように　なりましょう。

家 族 兄 弟 姉 妹 私 育

家 いえ や カ 10かく ＊	家	家	家	家	家	家
	宀 1 2 3	宀 4	宀 5	宁 6	家 7 8	家 9 10

族 ゾク 11かく	族	族	族	族	族	族
	方 1 2 3	方 4 5	方 6	族 7 8	族 9	族 10 11

◆ 漢字を　読みましょう
（かんじ／よ）

① わたしの　家の　ちかくに　コンビニが　あります。
（いえ）

② アパートの　一かいに　大家さんが　すんでいます。　landlord landlady
（いっかい）（おおやさん）

③ しょう来　まんが家になろうと　おもっています。
（しょうらい）（まんがか）

④ 山田さんは　何人　家族ですか。
（やまださん）（なんにん）（かぞく）

⑤ 休みの日に　友だちと　水族かんへ　行きます。　aquarium 水族館
（やすみのひ）（ともだち）（すいぞくかん）（いきます）

◆ 漢字を　書きましょう
（かんじ／か）

① いえ　（家）　② おおや　（大家）

③ やちん　（家ちん）　④ せいじか　（せいじ家）

⑤ さっか　（さっ家）　⑥ かぞく　（家族）

⑦ いちぞく　（一族）

兄　あに　ケイ　キョウ	兄	兄	兄	兄	兄	兄
5かく	1	2	3	4	5	

弟　おとうと　テイ　ダイ	弟	弟	弟	弟	弟	弟
7かく　＊	1 2	3	4	5	6	7

◆ 漢字(かんじ)を　読(よ)みましょう

① 三さい　年上の　兄が　います。
（さん さい）（としうえ）（あに）

② 弟は　今年　中学生に　なりました。
（おとうと）（ことし）（ちゅうがくせい）

③ となりの　家の　兄弟は　よく　けんかします。
（いえ）（きょうだい）

④ ぎりの　兄は　わたしより　年下です。
（あに）（としした）

⑤ ぎりの　弟は　大学生です。
（おとうと）（だいがくせい）

◆ 漢字(かんじ)を　書(か)きましょう

① あに（兄）
② ふけい（父兄）　guardians
③ ぎけい（ぎ兄）　older brother in law
④ きょうだい（兄弟）
⑤ おとうと（弟）
⑥ ぎてい（ぎ弟）　younger brother in law

◆ 特(とく)べつな　ことば

お兄(にい)さん

姉 あね シ ８かく	姉	姉	姉	姉	姉	姉
	1	2	3	4 5	6 7	8

妹 いもうと マイ ８かく	妹	妹	妹	妹	妹	妹
	1 2 3	4	5	6	7	8

◆ 漢字(かんじ)を　読(よ)みましょう

① 一ばん上の　姉は　アメリカに　りゅう学しています。

（ いちばんうえ ）（ あね ）（りゅうがく ）

② 妹は　今　十さいです。

（いもとう）（ いま ）（じゅさい）

③ となりの　家の　姉妹は　きれいで　ゆう名です。

（ いえ ）（しまい ）（ゆうめい ）

④ ぎりの　姉は　高校の　先生です。

（あね）（こうがく ）（せんせい ）

⑤ まりこさんは　三人姉妹の　まん中です。

（ さんにんしまい ）（まんなか ）

◆ 漢字(かんじ)を　書(か)きましょう

one's sister in law

① あね　（ 姉 ）　② ぎりのあね　（ぎりの 姉 ）

③ いもうと　（ 妹 ）　④ しまい　（ 姉妹 ）

⑤ さんにんしまい（三人姉妹 ）

◆ 特(とく)べつな　ことば

お姉(ねえ)さん

漢字	読み	画数	書き方
私 ＊	わたし / シ	7かく	私 私 私 私 私 私
育 ＊	そだ-つ / そだ-てる / イク	8かく	育 育 育 育 育 育

◆ 漢字(かんじ)を　読(よ)みましょう

① 私は　家の　にわで　花を　育てています。
（わたし）（いえ）（はな）（そだ てて）

② むすこは　私立の　中学校に　かよっています。
（しりつ）（ちゅうがっこう）　private (establishment)

③ やさいが　よく　育つように　まい日　水を　やります。
（そだ つ）（まい にち）（みず）

④ 今日の　体育は　バレーボールを　します。
（きょう）（たい いく）　physical education

⑤ 母に　育じを　手つだってもらいます。
（はは）（いく じ）（て つだって）　child care

◆ 漢字(かんじ)を　書(か)きましょう

① わたし　（私）

② しりつだいがく（私立大学）

③ 子(こ)どもがそだつ（育 つ）

④ 花(はな)をそだてる（育 てる）

⑤ こそだて（子育 て）

⑥ たいいく（体育）

ふくしゅう

【1】漢字(かんじ)を　読(よ)みましょう。

1. 子(こ)どものころ　よく　兄弟げんかを　しました。
2. 2年(ねん)まえに　家を　新(あたら)しく　たてました。
3. お兄さんは　何時(なんじ)に　帰(かえ)ってきますか。
4. 妹は　おなかが　すくと　すぐ　なきます。
5. 小学校(しょうがっこう)のころ　体育が　一(いち)ばん　好(す)きでした。
6. 大家さんは　アパートの　一(いっ)かいに　すんでいます。
7. 山川(やまかわ)さんは　いなかで　育ちました。
8. 水族かんで　めずらしい　魚(さかな)や　貝(かい)を　見(み)ました。
9. しょう来(らい)は　まんが家になる　つもりです。
10. 姉は　けっこんして　名字(みょうじ)が　かわりました。

1	きょうだい
2	いえ
3	お にい　さん
4	いもとう
5	たいいく
6	おおや　さん
7	そだ　ちました
8	すいぞく　かん
9	まんが か
10	あね

【2】漢字(かんじ)を　書(か)きましょう。

1. あには　アメリカに　りゅう学(がく)しています。
2. むすめは　しりつの　高校(こうこう)に　かよっています。
3. 川田(かわた)さんの　いえは　南(みなみ)むきで　大(おお)きな　門(もん)が　あります。
4. おっとは　いくじを　手(て)つだってくれます。
5. おとうとは　今年(ことし)　小学生(しょうがくせい)に　なりました。
6. 私(わたし)の　家(いえ)は　ごにんかぞくです。
7. 上田(うえだ)さんの　おねえさんは　きれいな　人(ひと)です。
8. まい月(つき)　25日(にち)までに　やちんを　はらいます。
9. ベランダで　トマトを　そだてています。
10. 山田(やまだ)さんしまいは　おなじ　大学(だいがく)に　かよっています。

1	兄
2	私立
3	家
4	育　じ
5	弟
6	五人家族
7	お 姉　さん
8	家　ちん
9	育　てて
10	姉妹

1章(しょう)
家族(かぞく)の生(せい)かつ

2 マンション

あなたは　どんなところに　すんでいますか。
すんでいるところや　部屋(へや)について　聞(き)いたり　話(はな)したり
できるように　なりましょう。

部	屋	広	低	緑	静	近	遠

部　ブ
11かく

屋　や　オク
9かく

◆ 漢字(かんじ)を　読(よ)みましょう

① 学部を　よく　しらべて　うける　大学を　きめてください。
(　　　)　(　　　)

② かれは　サッカー部の　部長です。
(サッカー　　)　(　　　)

③ これらは　私が　もっている　本の　一部です。
(　　　)　(　　　)　(　　　)

④ マンションの　屋上から　ふじ山が　見えます。
(　　　)　(ふじ　　)　(　えます)

⑤ 私の　学校には　うさぎ小屋が　あります。
(　　　)　(　　　)　(　　　)

◆ 漢字(かんじ)を　書(か)きましょう

① ぶんがくぶ　(ぶん　　　)　② バレーぶ　(バレー　　　)

③ ぶか　(　　　)　④ ぶちょう　(　　　)

⑤ ほんや　(　　　)　⑥ はなや　(　　　)

⑦ やね　(　　　ね)　⑧ おくじょう　(　　　)

◆ 特(とく)べつな　ことば

部屋(へや)

広 ひろ-がる ひろ-げる ひろ-い コウ 5かく ＊ (spacious, wide)	広	広	広	広	広	広
	1	2	3 广	4 広	5 広	

低 ひく-い テイ 7かく ＊ (low (rank, degree, quality, etc))	低	低	低	低	低	低
	1 2 亻	3 亻	4 仾	5 低	6 低	7 低

◆ 漢字(かんじ)を　読(よ)みましょう

① 川上さんの　部屋は　広くて　きれいです。
（かわうえ さん）（へや）（ひろくて）

② じゅんび体そうを　はじめます。みなさん　広がってください。
（たいそう）　（ひろがって）
(gymnastics, physical exercise)

③ 電車の中で　足を　広げて　すわらないでください。
（でんしゃ）（なか）（あし）（ひろげて）

④ 私は　せが　低いので　高いところが　とどきません。
（わたし）（ひくい）（たかい）

⑤ 子どもの　学力の　低下が　もんだいになっています。
（こども）（がくりょく）（ていか）
(fall, decline, lowering)

◆ 漢字(かんじ)を　書(か)きましょう

① ひろい部屋(へや)　（広 い）
② みちがひろがる（広 がる）
③ 新聞(しんぶん)をひろげる（広 げる） (to spread)
④ こうだいなとち（広大 な） (huge, very large)
⑤ せがひくい　（低 い）
⑥ ていか　（低下）
⑦ ていがくねん　（低学年）
⑧ こうてい　（高低）

緑　みどり　リョク	緑	緑	緑	緑	緑	緑
14かく　＊	糸 1 2 3 4	紀 5 6 7	紀 8 9	紀 10	緑 11 12	緑 13 14

静　しず-か　セイ	静	静	静	静	静	静
14かく　＊	丰 1 2 3 4	青 5 6 7 8	青 9 10	静 11	静 12 13	静 14

◆ 漢字(かんじ)を　読(よ)みましょう

① 緑いろの　クレヨンで　木を　かきました。
（みどり　いろ）　（き）

② 5月は　緑が　きれいな　きせつです。
（ごがつ）（みどり）

③ まんじゅうを　食べながら　緑茶を　飲みます。
（たべながら）（りょくちゃ）（のみます）

④ すみません、すこし　静かに　してください。
（しずかに）

⑤ じしんの　ときも　かれは　れい静に　行どうしました。
（れいせいに）（こうどう）

→ calm, composure　→ action, conduct

◆ 漢字(かんじ)を　書(か)きましょう

① みどり　（緑　）　② みどりいろ　（緑　いろ）

③ りょくちゃ　（緑茶　）　④ しんりょく　（新緑　）

⑤ しずかな部屋(へや)　（静　かな）　⑥ れいせいな人(ひと)　（れい静　な）

⑦ せいでんき　（静電気　）

→ static electricity　→ fresh verdure, new green leaves　→ calm

近　ちか-い　キン 7かく	近	近	近	近	近	近
遠　とお-い　エン 13かく　*	遠	遠	遠	遠	遠	遠

◆ 漢字（かんじ）を　読（よ）みましょう

① 私の　家の　近くに　大きな　こうえんが　あります。
（　　　）（　　　）（　　く）（　　きな）

② このみちは　学校への　近みちです。
（　　　）（　　みち）

③ 姉は　さい近　けっこんして　アメリカへ　行きました。
（　　　）（さい　　）（　きました）

④ 私の　家は　えきから　遠いので　バスに　のります。
（　　　）（　　　）（　　い）

⑤ 私の　そ母は　遠近りょうようの　めがねを　かけています。
（　　　）（そ　　）（　　　）

◆ 漢字（かんじ）を　書（か）きましょう

① 学校（がっこう）にちかい（　　　い）
② 川（かわ）にちかづく（　　　づく）
③ きんじょ（　　　じょ）
④ さいきん（さい　　　）
⑤ きんねん（　　　）
⑥ えきからとおい（　　　い）
⑦ えんそく（　　　）
⑧ ぼうえんきょう（ぼう　　きょう）

ふくしゅう

【1】漢字(かんじ)を　読(よ)みましょう。

1. 今日(きょう)の　よるは　気(き)おんが　低下します。
2. 新(あたら)しい　アパートは　広くて　きれいです。
3. ぼう遠きょうで　月(つき)を　かんさつしました。
4. 火(か)じが　となりの　家(いえ)まで　広がりました。
5. このマンションの　屋上から　花火(はなび)が　見(み)えます。
6. 川田(かわた)さんには　低学年の　子(こ)どもが　います。
7. さい近　あつい日(ひ)が　つづいています。
8. 私(わたし)の　弟(おとうと)は　サッカー部に　入(はい)っています。
9. 3時(じ)の　休(きゅう)けいに　緑茶を　飲(の)みました。
10. アフリカには　広大な　さばくが　あります。

1	ていか
2	ひろ　くて
3	ぼう　えん　きょう
4	ひろ　がりました
5	おくじょう
6	ていがくねん
7	さい　きん
8	サッカー　ぶ
9	りょくちゃ
10	こうだい　な

【2】漢字(かんじ)を　書(か)きましょう。

1. 私(わたし)は　せが　ひくくて　高(たか)い　ところが　とどきません。
2. ぶちょうは　今(いま)　外出中(がいしゅつちゅう)で　せきを　外(はず)しています。
3. まんいん電車(でんしゃ)の　中(なか)で　新聞(しんぶん)を　ひろげないでください。
4. テスト中(ちゅう)は　しずかに　してください。
5. 学校(がっこう)の　帰(かえ)りに　ほんやで　ざっしを　買(か)いました。
6. 家(いえ)から　かいしゃまで　とおくて　大(たい)へんです。
7. 5月(がつ)は　しんりょくが　きれいな　きせつです。
8. 私(わたし)は　ぶんがくぶを　そつぎょうしました。
9. 川上(かわかみ)さんは　いつも　れいせいで　おちついています。
10. 家(いえ)の　ちかくに　古(ふる)い　お寺(てら)が　あります。

1	広　くて
2	部長
3	広　げないで
4	静　かに
5	本屋
6	遠　くて
7	新緑
8	ぶん　学部
9	れい　静
10	近　く

1章(しょう)
家族(かぞく)の生(せい)かつ

3 しごと

あなたは　どんな　しごとに　きょうみが　ありますか。
じ分(ぶん)や　家族(かぞく)の　しごとについて　聞(き)いたり　話(はな)したり　できるようになりましょう。

会	社	働	作	工	場	始	終

会　あ-う　カイ	会	会	会	会	会
6かく　＊	1 ノ	2 𠆢	3 今	4 会	5 会 / 6 会

社　シャ	社	社	社	社	社
7かく　＊	1 丶	2 ネ	3 ネ	4 ネ	5 ネ一 / 6, 7 社

◆ 漢字を　読みましょう

① 休みの日に　友だちと　会って　えいがに　行きました。
（やすみのひ）（ともだち）（あって）（いきました）

② アイドルの　ファンクラブに　入会しました。
（にゅうかい）

③ 日本人の　友だちが　できて　会話が　上手になりました。
（にほんじん）（ともだち）（かいわ）（じょうずに）

④ 私の　父は　ぼうえき会社の　社長です。
（わたし）（ちち）（ぼうえきかいしゃ）（しゃ長　）

⑤ 大学を　そつぎょうして　社会人になりました。
（だいがく）　（しゃかいじん）

◆ 漢字を　書きましょう

① 友だちにあう（会　う）
② にゅうかい（入会）
③ かいわ（会話）
④ スポーツたいかい（大会）
⑤ かいしゃ（会社）
⑥ にゅうしゃしき（入社　しき）
⑦ ほんしゃ（本社）
⑧ じんじゃ（じん社）

head office

convention, tournament

働　はたら-く　ドウ	働					
13かく	1 2 3 4 5 6	7 8	9	10 11	12	13

作　つく-る　サク　サ	作					
7かく	1 2	3	4	5	6	7

◆ 漢字(かんじ)を　読(よ)みましょう

① 山田さんは　働きながら　大学に　かよっています。
（　　　さん）（　　　き）（　　　　）

② ろう働時間は　ほうりつで　きまっています。
（ろう　　　　　）

③ もらった　いちごで　ジャムを　作りました。
（　　　りました）

④ この小せつは　ゆう名な　作家が　書きました。
（　　せつ）（ゆう　　な）（　　　）（　　きました）

⑤ てん気が　わるくて　作物が　育ちません。
（てん　　）（　　　　）（　　ちません）

◆ 漢字(かんじ)を　書(か)きましょう

① はたらく　（　　　く）　② ろうどう　（ろう　　　）

③ ケーキをつくる（　　　る）　④ さくしゃ　（　　　しゃ）

⑤ めいさく　（　　　）　⑥ さっか　（　　　）

⑦ さぎょう　（　　　ぎょう）

(factory) | worker					
工　コウ	工	工	工	工	工
3かく　＊	一	T	工		

場　ば　ジョウ	場	場	場	場	場
12かく	ｽ	圸	坦	堤	場

◆漢字を　読みましょう

department of technology (school)

① 私の　弟は　工学部の　学生です。
（わたし）（おとうと）（こうがくぶ）（がくせい）

② このスキー場は　人工の　ゆきを　つかっています。
（スキーば）（じんこう）
artificial, man-made

③ 友だちと　ビール工場へ　見学に　行きました。
（ともだち）（ビールこうじょう）（けんがく）（いきました）
inspection, study of observation

④ パーティー会場は　このホテルの　三かいです。
（パーティーかいじょう）（さんかい）
assembly hall
home

⑤ このレストランの　パスタは　本場イタリアと　おなじ　あじです。
（ほんば）

◆漢字を　書きましょう

① じんこうのいけ（人工）　② こうがくぶ（工学部）

③ こうさく（工作）　④ こうじ（工じ）

⑤ ひろば（広場）　⑥ こうじょう（工場）

⑦ しゅつじょう（出場）　⑧ かいじょう（会場）

artificial　handicraft, construction　construction work

plaza, square　(stage) appearance, performance

始　はじ - まる　はじ - める　シ	始	始	始	始	始	始
8かく	く 1	女 2 3	始 4 5	始 6	始 7	始 8

終　お - わる　お - える　シュウ	終	終	終	終	終	終
11かく	幺 1 2 3	糸 4	糸 5 6	終 7 8	終 9	終 10 11

◆ 漢字(かんじ)を　読(よ)みましょう

① じゅぎょうは　9時に　始まります。

（くじ　）（はじまります）

② 先生に　年始の　あいさつをしました。

（せんせい）（ねんし）

③ 始ぎょうしきは　学校の　体育かんで　行います。

（　ぎょうしき）（がっこう）（たいいくかん）（おこ　います）

gymnasium　to perform

④ しゅくだいが　終わってから　ゲームをします。

（おわって）

⑤ 友だちと　おさけを　飲んで　終電に　のりおくれました。

（ともだち）　（のんで）（しゅうでん　）

last train

◆ 漢字(かんじ)を　書(か)きましょう

① パーティーがはじまる（始　まる）

② べんきょうをはじめる（始　める）

③ しぎょうしき（始ぎょうしき）

④ ねんし（年始　）

⑤ しごとがおわる（終　わる）

⑥ 食(しょく)じをおえる（終　える）

⑦ しゅうりょう（終　りょう）

⑧ しゅうじつ（終日　）

opening ceremony

end, close, termination

all day, for a whole day

ふくしゅう

【1】漢字(かんじ)を　読(よ)みましょう。

1. 年始に　家族(かぞく)で　ハワイへ　行(い)く　よていです。
2. 社長の　インタビューが　新聞(しんぶん)に　出(で)ました。
3. くにへ　帰(かえ)って　むかしの　友(とも)だちと　会いました。
4. ここは　終日　きんえんです。
5. 好(す)きな　ミステリー作家に　サインを　もらいました。
6. このみせでは　本場の　フランスりょうりが　食(た)べられます。
7. うんどう会(かい)で　100メートルそうに　出場しました。
8. バーゲン会場に　たくさんの　人(ひと)が　います。
9. ここで　とれる　おもな　作物は　米(こめ)です。
10. ここは　今(いま)　工じ中なので　とおれません。

under construction

1	ねんし
2	しゃちょう
3	あ　いました
4	しゅうじつ
5	さっか
6	ほんば
7	しゅつじょう
8	かいじょう
9	さくもの
10	こうちゅう

【2】漢字(かんじ)を　書(か)きましょう。

1. ここは　パソコンメーカーの　こうじょうです。
2. 日本人(にほんじん)の　友(とも)だちと　かいわを　れんしゅうします。
3. さぎょう中(ちゅう)は　この部屋(へや)に　入(はい)らないでください。
work in progress
4. まい日(にち)　9時(じ)から　6時(じ)まで　はたらいています。
5. えきまえの　ひろばで　イベントを　行(おこな)いました。
6. この小(しょう)せつは　みんなが　しっている　めいさくです。
7. かぜで　かいしゃを　休(やす)みました。
8. 3年(ねん)まえに　日本語(にほんご)の　べんきょうを　はじめました。
9. しごとが　おわったら　カラオケへ　行(い)きましょう。
10. こい人(びと)の　たん生日(じょうび)に　ケーキを　つくりました。

1	工場
2	会話
3	作　ぎょう
4	働　いて
5	広場
6	名作
7	会社
8	始　めました
9	終　わったら
10	作　りました

1章(しょう)　アチーブメントテスト

【1】漢字(かんじ)を　読(よ)みましょう。

1. 友(とも)だちが　あそびに　来(く)るので　くにの　りょうりを　作りました。
　（ つく りました）
2. まんが家に　なりたくて　デザインの　せん門学校(もんがっこう)に　入(はい)りました。
　（まんが か ）
3. 山田(やまだ)さんは　部長になりました。
　（ぶちょう）
4. くにへ　帰(かえ)って　父(ちち)と　母(はは)に　会いたいです。
　（ あ いたい）
5. となりの　姉妹は　いつも　二人(ふたり)で　あそんでいます。
　（ しまい ）
6. まい月(つき)　月(げつ)まつまでに　家ちんを　はらいます。
　（ や ちん）
7. えいがは　5時(じ)に　始まります。　はやく　行(い)きましょう。
　（ はじ まります）
8. しょう来(らい)は　友(とも)だちと　インターネットの　会社を　作(つく)りたいです。
　（かいしゃ）
9. 近(ちか)くの　畑(はたけ)で　トマトや　きゅうりを　育てています。
　（ そだ てて）
10. と書(しょ)かんでは　静かに　しましょう。
　（ しず かに）

【2】漢字(かんじ)を　書(か)きましょう。

1. おおや	（ 大屋 ）	2. きょうだい	（ 兄弟 ）
3. りょくちゃ	（ 緑茶 ）	4. はたらく	（ 働 く ）
5. おくじょう	（ 屋上 ）	6. えんそく	（ 遠足 ）
7. さっか	（ 作家 ）	8. おわる	（ 終 わる ）
9. こうじょう	（ 工場 ）	10. たいいく	（ 体育 ）

【３】ぶんを　読(よ)んで　漢字(かんじ)を　読(よ)んだり　書(か)いたりしましょう。

①わたしの　②家族

わたしの　家族は　５人(にん)です。　父(ちち)と　母(はは)と　③兄と　④いもうとが　います。父(ちち)は　コンピュータの　⑤かいしゃで　⑥働いていて　いつも　よる　おそく帰(かえ)ってきます。

母(はは)は　小学校(しょうがっこう)の　きょうしです。　母(はは)の　しゅみは　花(はな)を　⑦そだてることです。兄は　大学生(だいがくせい)です。　大学(だいがく)の　せん門(もん)は　きかい⑧工学です。　土日(どにち)は　⑨近くの　⑩こうじょうで　アルバイトを　しています。

いもうとは　高校生(こうこうせい)です。　⑪バレー部に　入(はい)っていて　休(やす)みの日(ひ)も　れんしゅうに行(い)きます。　あさ９時(じ)から　夕方(ゆうがた)３時(じ)まで　れんしゅうしています。いもうととは　ときどきけんかを　しますが　なかが　いい　⑫姉妹です。

わたしは　今年(ことし)　大学生(だいがくせい)になりました。　学校(がっこう)は　⑬家から　⑭とおいのでまいあさ　はやく　おきなければなりません。　母(はは)が　いそがしいときは　ときどきわたしが　ごはんを　⑮つくります。

わたしの　町(まち)は　⑯みどりが　多(おお)くて　とても　⑰静かです。　わたしの　家はマンションの　七(なな)かいです。　まわりの　ビルが　⑱ひくいので　とおくまで　見(み)ることができます。わたしの　⑲部屋は　⑳広くないですが　きれいです。

① 私	② かぞく	③ あに	④ 妹
⑤ 会社	⑥ はたら いて	⑦ 育 てる	⑧ こうがく
⑨ ちかく く	⑩ 工場	⑪ バレーぶ	⑫ しまい
⑬ いえ	⑭ 遠 い	⑮ 作 ります	⑯ 緑
⑰ しず か	⑱ 広 い	⑲ へや	⑳ ひろ くない

1章(しょう)　クイズ

【1】えを　見(み)て　漢字(かんじ)を　書(か)きましょう。

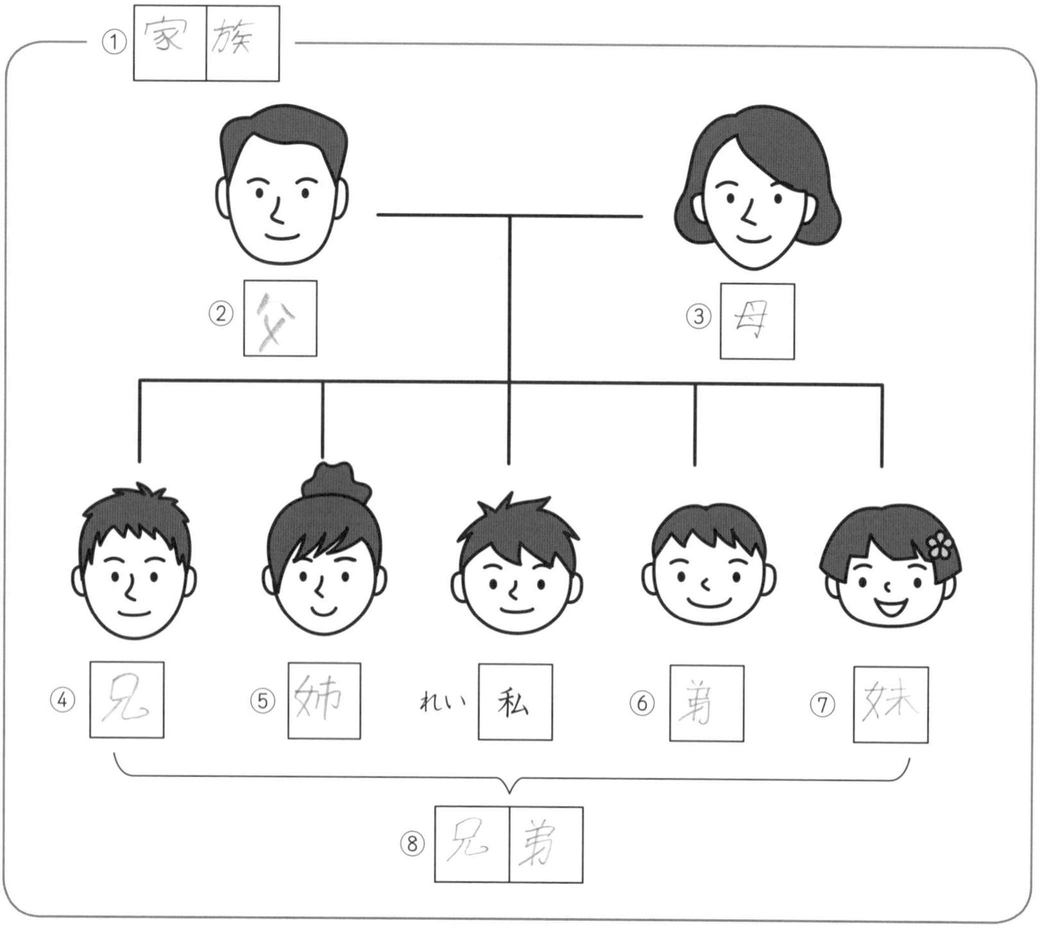

【2】□の 中(なか)に 漢字(かんじ)を 書(か)きましょう。

1. [広]い ⇔ せまい
2. 高(たか)い ⇔ [低]い
3. うるさい ⇔ [静]か
4. 遠(とお)い ⇔ [近]い
5. [始]まる ⇔ 終(お)わる
6. 年(ねん)まつ ⇔ 年(ねん)[終]

【3】（　　　）の 漢字(かんじ)を つかって □に 漢字(かんじ)を 書(か)きましょう。

市	立	口	未	力	台	土	方

1. 私(わたし)は 五人(ごにん) 家[方]矢 です。
2. 女[市]は 三(みっ)つ 年上(としうえ)で 女[未]は 二(ふた)つ 年下(としした)です。
3. 私(わたし)の 家(いえ)は 会礻[土]から 近(ちか)いです。
4. 父(ちち)は 工場(こうじょう)で 亻重[力] いています。
5. しごとは 9時(じ)に 女[台] まります。
6. [立/口]阝屋から うみが 見(み)えます。

2章 コンビニ

1 レジ

コンビニは　とても　便利です。お店の　人も　親切です。
レジで　お金を　はらったり　おべん当を　あたためてもらったりします。

店　客　親　切　売　当　品

店　みせ　テン　８かく	店	店	店	店	店	店
	1	2	3	4	5	6 7 8

客　キャク　カク　９かく	客	客	客	客	客	客
	1 2 3	4	5	6	7	8 9

◆ 漢字を　読みましょう

①あの店は　サービスが　よくて　人気が　あります。
（みせ）（にんき）

②コンビニの　店いんに　みちを　聞きました。
（てんいん）（ききました）

③このぎん行の　本店は　どこですか。 → head office, main store
（ぎんこう）（ほんてん）

④お客さんに　店内を　あん内します。 → store inventory
（おきゃくさん）（てんない）（あんない）

⑤くうこうに　りょ客きが　つきました。 → passenger plane
（りょかくき）

◆ 漢字を　書きましょう

Branch office

①みせ	（店）	②てんいん	（店いん）
③ほんてん	（本店）	④してん	（し店）
⑤きっさてん	（きっさ店）	⑥おきゃくさん	（お客さん）
⑦らいきゃく	（来客）	⑧きゃくま	（客間）

visitor, caller　　parlor, guest room

親　intimate, close　した－しい　おや　シン 16かく　＊	親	親	親	親	親
	1–5	6–9	10–11	12–14	15–16

切　き－る　セツ ４かく　＊	切	切	切	切	切
	1	2	3	4	

◆ 漢字(かんじ)を　読(よ)みましょう

① なつ休みに　親と　りょ行に　行きました。
（なつやすみ）（おや）（りょこう）（いきました）

② 一ばん　親しい　友だちは　だれですか。
（いちばん）（したしい）（ともだち）

③ この店の　店いんは　とても　親切です。
（みせ）（てんいん）（しんせつ）

④ 私の　家族は　りょう親と　兄と　私です。
（わたし）（かぞく）（りょうしん）（あに）（わたし）

⑤ まず　肉と　やさいを　切ってください。それから　なべに　入れてください。
（にく）（きって）（いれて）

◆ 漢字(かんじ)を　書(か)きましょう

① ちちおや（父親）　② ははおや（母親）

③ おやこ（親子）　④ りょうしん（りょう親）

⑤ しんゆう（親友）　⑥ しんせつな人(ひと)（親切な）

⑦ 木(き)をきる（切る）　⑧ 五十円(ごじゅうえん)きって（切）

売 うｰる うｰれる バイ ７かく	売	売	売	売	売	売

当 あｰたる あｰてる トウ ６かく	当	当	当	当	当	当

◆ 漢字(かんじ)を　読(よ)みましょう

① 読んだ　本を　古本屋に　売りました。
（よんだ）（ほん）（ふるほんや）（うりました）

② 新しい　CDが　たくさん　売れました。
（あたらしい）　　（うれました）

③ えきの　売店で　新聞を　買いました。
（ばいてん）（しんぶん）（かいました）

④ ボールが　目に　当たって　けがを　してしまいました。
（め）（あたって）

⑤ くじで　おんせん　りょ行を　当てました。
（りょこう）（あてました）

◆ 漢字(かんじ)を　書(か)きましょう

① ふくをうる（売　る）　② やすうり（休売　り）

③ ばいてん（売店）　④ たからくじがあたる（当　たる）

⑤ よそうをあてる（当　てる）　⑥ べんとう（べん当）

⑦ とうじつ（当日）　⑧ ほんとう（本当）

◆ 特(とく)べつな　ことば

売(う)り切(き)れ

品　しな　ヒン ９かく	品	品	品	品	品	品

◆ 漢字を　読みましょう
かんじ　よ

① おもい出の　品物を　かたづけました。
（おもい　　）（　　　　）

② 安売りの　せんざいを　買いに　行きましたが　品切れでした。
（　　り）　（　い）（　きました）（　　れ）

③ 近じょの　スーパーは　夕方　食品が　とても　安くなります。
（　じょ）　（　　）（　　）（　く）

④ 山田さんは　話し方が　とても　上品な　人です。
（　さん）（　　）（　　な）（　　）

⑤ 入学の　おいわいに　デパートの　しょう品けんを　もらいました。
（　　）　（しょう　けん）

◆ 漢字を　書きましょう
かんじ　か

① しなもの　（　　　）　② しなかず　（　　かず）

③ てじな　（　　　）　④ しょくひん　（　　　）

⑤ しょうひん　（しょう　）　⑥ じょうひん　（　　　）

⑦ げひん　（　　　）　⑧ さくひん　（　　　）

ふくしゅう

【1】漢字(かんじ)を　読(よ)みましょう。

1. たからくじが　当たったら　何(なに)を　したいですか。
2. 一(いち)ばん　親しい　友(とも)だちが　ひっこしてしまいました。
3. ほうちょうで　やさいを　切ります。
4. えきの　まえに　新(あたら)しい　店が　できました。
5. このスーパーは　品かずが　多(おお)くて　ゆう名(めい)です。
6. あのレストランは　いつも　お客さんが　たくさんいます。
7. まい朝(あさ)　えきの　売店で　コーヒーを　買(か)います。
8. くうこうに　りょ客きが　とうちゃくしました。
9. 下品な　食(た)べ方(かた)は　やめましょう。
10. パーティーで　手品を　します。

1	あ　たったら
2	した　しい
3	き　ります
4	みせ
5	しな　かず
6	お　きゃく　さん
7	ばいてん
8	りょ　かく　き
9	げひん　な
10	てじな

【2】漢字(かんじ)を　書(か)きましょう。

1. 新(あたら)しい　CDが　百万(ひゃくまん)まい　うれました。
2. コンビニで　べんとうを　あたためてもらいます。
3. 小(ちい)さいころ　おやこで　プールへ　行(い)きました。
4. てんいんが　ていねいに　せつ明(めい)してくれました。
5. しんせつな　人(ひと)に　みちを　おしえてもらいました。
6. 田中(たなか)さんは　じょうひんで　とても　きれいです。
7. きゃくまに　花(はな)を　かざります。
8. バッターの　あたまに　ボールを　あててしまいました。
9. 先(せん)しゅう　しんゆうと　ディズニーランドへ　行(い)きました。
10. ゆうびんきょくで　きってを　買(か)いました。

1	売　れました
2	べん　当
3	親子
4	店　いん
5	親切　な
6	上品
7	客間
8	当　てて
9	親友
10	切

2章(しょう) コンビニ

2　店内(てんない)

コンビニには　いろいろな　品物(しなもの)が　あります。
コピーを　することもできます。銀行(ぎんこう)の　ATMも　あります。

便　利　使　銀　白　黒　紙

便　たよ‐り／ベン／ビン ９かく	便

利　り ７かく　＊	利

◆ 漢字を　読みましょう
(漢字 = かんじ, 読 = よ)

① いなかの　そ父から　便りが　来ました。
（そ　　）（　　り）（　　ました）

② コンビニは　何でも　あって　とても　便利です。
（　　でも）　（　　）

③ ゆう便きょくで　切手を　買って　手がみを　出しました。
（ゆう　　きょく）（　　）（　　って）（　　がみ）（　　しました）

④ 明日　８時の　便で　くにへ　帰ります。
（　　）（はち　　）（　　）（　　ります）

⑤ 休み時間を　利ようして　先生に　しつもんします。
（　　）（　　よう）（　　）

◆ 漢字を　書きましょう
(漢字 = かんじ, 書 = か)

① たよりが来る（く）（　　り）　② べんり（　　）

③ べんきにすわる（　　き）　④ こうくうびん（こうくう　　）

⑤ びんせん（　　せん）　⑥ ゆうびんきょく（ゆう　　きょく）

⑦ りよう（　　よう）　⑧ りしがつく（　　）

使　つか-う　シ ８かく	使	使	使	使	使	使
	亻	亻	仁	佰	使	使

銀　silver　ギン 14かく	銀	銀	銀	銀	銀	銀
	金	釕	鈤	鉏	銀	銀

◆ 漢字(かんじ)を　読(よ)みましょう

① このパソコンの　使い方を　おしえてください。
（つかいかた）

② フィリピンの　大使が　来日しました。
（たいし）（らいにち）

ambassador
らいにち → arrival coming → JP
らいげつ → future day

③ このトイレは　使ようできません。ほかの　トイレを　使ようしてください。
（し よう）　（し よう）

④ うちから　銀行まで　遠いので　いつも　コンビニの　ATMを　使います。
（ぎんこう）（とおい）　（つかいます）

⑤ オリンピックで　日本は　金メダルと　銀メダルを　たくさん　とりました。
（にほん）（きん メダル）（ぎん メダル）

◆ 漢字(かんじ)を　書(か)きましょう

① じしょをつかう（使う）　② つかいかた（使い方）

③ たいし（大使）　④ しよう（使よう）

⑤ ぎんこう（銀行）　⑥ ぎんいろ（銀いろ）

白	しろ－い しろ ハク	5かく	＊

黒	くろ－い くろ コク	11かく

◆ 漢字(かんじ)を　読(よ)みましょう

① カラーコピーは　五十円、白黒コピーは　十円です。
（ごじゅうえん）（しろくろ コピー）（じゅうえん）

② たん生日に　白い　ワンピースを　買ってもらいました。
（たんじょうび）（しろ　い）　（か　って）

③ ふゆに　なると　みずうみに　たくさん　白鳥が　来ます。
（はくじょう）（き　ます）

④ 東の　そらに　まっ黒な　くもが　出てきました。
（ひが　）（まっくろ　な）（でて）

pitch black

⑤ 目が　わるくて　黒ばんの　字が　よく　見えません。
（め）（こく　ばん）（じ）（み　えません）

black board

◆ 漢字(かんじ)を　書(か)きましょう

① しろくろコピー（白黒　　）　② しろい（白　　い）

③ はくちょう（白鳥　　）　④ くろい（黒　　い）

⑤ くろこしょう（黒　　こしょう）　⑥ まっくろ（まっ黒　　）

⑦ くろじ（黒字　　）　⑧ こくばん（黒　　ばん）

Balance (figure) in the black

Black pepper

黒他 — Black ground, Black cloth

紙　かみ　シ 10 かく	紙	紙	紙	紙	紙	紙

◆ 漢字(かんじ)を　読(よ)みましょう

① 紙を　半分に　切ってください。
（かみ）（はんぶん）（きって）

② コピーよう紙を　百まい　買いました。
（ようし）（ひゃくまい）（かいました）

用紙 blank form

③ いつも　土よう日に　新聞紙を　まとめて　リサイクルに　出します。
（どようび）（しんぶんし）（だします）

④ おり紙で　どう物を　おるのが　好きです。
（おりがみ）（どうぶつ）（すき）

◆ 漢字(かんじ)を　書(か)きましょう

① かみ　（紙）　② かみコップ　（紙コップ）

③ かみひこうき　（紙ひこうき）　④ おりがみ　（おり紙）

⑤ コピーようし　（よう紙）　⑥ しんぶんし　（新聞紙）

ふくしゅう

【1】漢字(かんじ)を　読(よ)みましょう。

1. 白い　ふくを　きている　女(おんな)の子(こ)は　だれですか。
2. お金(かね)を　かりたら　利子を　はらわなければなりません。
3. 山下(やました)さんは　じゅうどうで　銀メダルを　とりました。
4. インターネットは　とても　便利です。
5. きょ年(ねん)の　会社(かいしゃ)の　利(り)えきは　黒字でした。
6. ゆう便きょくで　はがきを　買(か)いました。
7. おり紙で　きれいな　花(はな)を　おりました。
8. せんたくしたら　シャツが　まっ白になりました。
9. むかし　ならった　先生(せんせい)から　便りが　ありました。
10. コピーよう紙が　なくなって　しまいました。

1	しろ　い
2	りし
3	ぎん　メダル
4	べんり
5	くろじ
6	ゆう　びん　きょく
7	おり　がみ
8	まっ　しろ
9	べん　り
10	よう　し

【2】漢字(かんじ)を　書(か)きましょう。

1. 学生(がくせい)が　こくばんに　こたえを　書(か)きます。
2. この水(すい)どうは　しようしないでください。
3. かみひこうきを　作(つく)って　あそびます。
4. 大雨(おおあめ)で　今日(きょう)の　びんは　キャンセルになりました。
5. このえきを　りようする人は　１日(にち)　一万人(いちまんにん)ぐらいです。
6. はくちょうの　親子(おやこ)が　みずうみで　あそんでいます。
7. デパートで　くろい　スーツを　買(か)いました。
8. しんぶんしは　ひもで　しばって　出(だ)してください。
9. パソコンの　つかいかたが　よく　わかりません。
10. ちょっと　ぎんこうに　行(い)ってきます。

1	黒　ばん
2	使　よう
3	紙　ひこうき
4	便
5	利　よう
6	白鳥
7	黒　い
8	新聞紙
9	使い方
10	銀行

3　24時間(じかん)

コンビニは　24時間(じかん)　あいています。

朝(あさ)　早(はや)くても　夜(よる)　おそくても　いつでも　行(い)くことができます。

朝	晩	昼	夜	前	後	午	早

朝　あさ　チョウ　12 かく	朝	朝	朝	朝	朝	朝
	1 2	3 4	5 6	7	8	9 10 11 12

晩　バン　12 かく	晩	晩	晩	晩	晩	晩
	1 2 3 4	5 6	7	8	9	10 11 12

◆ 漢字(かんじ)を　読(よ)みましょう

① 今日の　朝　何時に　おきましたか。
（きょう）（あさ）（なんじ）

② 朝食は　いつも　パンと　牛にゅうです。
（ちょうしょく）　（ぎゅう　にゅう）

③ まどから　入ってきた　朝日で　目が　さめました。
（はいって）（あさひ）（め）

④ さい近　朝晩　すずしくなりました。
（さいきん）（あさばん）

⑤ いっしょに　晩ごはんを　食べませんか。
（ばん　ごはん）（た　べませんか）

◆ 漢字(かんじ)を　書(か)きましょう

① あさ　（朝）　② まいあさ　（まい朝）

③ あさひ　（朝日）　④ ちょうしょく　（朝食）

⑤ あさばん　（朝晩）　⑥ ばんごはん　（晩　ごはん）

⑦ こんばん　（今晩）

◆ 特(とく)べつな　ことば

今朝(けさ)

昼 ひる チュウ 9かく	昼	昼	昼	昼	昼	昼
	1 2	3 4	5 6	7	8	9

夜 よる よ ヤ 8かく	夜	夜	夜	夜	夜	夜
	1 2	3 4	5	6	7	8

◆漢字(かんじ)を　読(よ)みましょう

①昼休みに　コンビニへ　行きます。
（　　み）　（　きます）

②昼食は　もう　食べましたか。
（　　）（　べましたか）

③きのうの　夜　８時に　うちへ　帰りました。
（　）（はち　）（　りました）

④一人で　夜みちを　あるくときは　気をつけてください。
（　）（　みち）　（　）

⑤母が　夜食を　もってきてくれました。
（　）（　）

◆漢字(かんじ)を　書(か)きましょう

①ひる（　　）　②ちゅうしょく（　　）

③よる（　　）　④よみち（　　みち）

⑤よなか（　　）　⑥こんや（　　）

⑦しんや（しん　）　⑧やしょく（　　）

前 まえ ゼン　9かく	前

後 うし-ろ あと ゴ コウ　9かく　＊	後

◆ 漢字(かんじ)を　読(よ)みましょう

① コンビニの　前に　銀行が　あります。

（　　　）（　　　）

② ここに　名前を　書いてください。

（　　　）（　　いて）

③ うんてんするとき　前後左右に　気をつけましょう。

（　　　）（　　　）

④ れつの　後ろに　ならんでください。

（　　ろ）

⑤ じゅぎょうの後　友だちと　買い物に　行きます。

（　　　）（　　だち）（　　い　　）（　　きます）

◆ 漢字(かんじ)を　書(か)きましょう

① なまえ　（　　　）　② ぜんご　（　　　）

③ ぜんはん　（　　　）　④ こうはん　（　　　）

⑤ ふくのまえうしろ（　　　）　⑥ うしろの車(くるま)　（　　ろ）

⑦ 食(しょく)じのあと　（　　　）

午　ゴ 4かく	午					

早　はや-い　ソウ 6かく　＊	早					

◆ 漢字（かんじ）を　読（よ）みましょう

① 学校は　午前　9時から　午後　4時までです。
（がっこう）（ごぜん）（くじ）（ごご）（よじ）

② しょう午になったら　昼ごはんを　食べましょう。
（しょうご）（ひる ごはん）（た べましょう）

③ まだ　時間が　早くて　だれも　来ていません。
（じかん）（はやくて）（きて）

④ 私は　まい朝　早く　おきます。
（わたし）（まいあさ）（はやく）

⑤ 早朝　アルバイトを　してから　学校へ　行きます。
（そうちょう）（がっこう）（い きます）

◆ 漢字（かんじ）を　書（か）きましょう

① ごぜん　（午前）　② ごご　（午後）

③ ごぜんちゅう　（午前中）　④ しょうご　（しょう午）

⑤ はやい　（早　い）　⑥ はやくおきる　（早　く）

⑦ はやくちな人（ひと）　（早口　な）　⑧ そうちょう　（早朝）

正午 noon midday
early morning
during the / in the morning
fast-talking, rapid talking

ふくしゅう

【1】漢字(かんじ)を　読(よ)みましょう。

1. 後半20分(ぷん)に　Aチームが　一(いっ)てん　とりました。
2. 川村(かわむら)さんは　とても　早口です。
3. 昼食は　ラーメンを　食(た)べました。
4. はじめに　クラスと　名前を　書(か)いてください。
5. 今夜9時(じ)から　ドラマを　見(み)ます。
6. 前後左右に　気(き)をつけて　うんてんしてください。
7. 朝食は　いつも　パンと　コーヒーです。
8. しょう午から　会(かい)ぎを　始(はじ)めます。
9. 今朝　5時(じ)に　おきて　ジョギングを　しました。
10. アルバイトの後　いっしょに　食(しょく)じしましょう。

1	ごうはん
2	はやくち
3	ちゅうしょく
4	なまえ
5	こんや
6	ぜんごさゆう
7	ちょうしょく
8	しょうご
9	けさ
10	あと

【2】漢字(かんじ)を　書(か)きましょう。

1. レジの　うしろに　たばこが　あります。
2. やしょくに　ラーメンを　食(た)べると　ふとります。
3. 学校(がっこう)は　ごぜん9時(じ)から　始(はじ)まります。
4. ひるやすみに　友(とも)だちと　コンビニへ　行(い)きました。
5. あさ　8時(じ)に　うちを　出(で)ました。
6. 今日(きょう)の　ばんごはんは　何(なん)ですか。
7. よなかに　おきて　べんきょうしました。
8. そうちょう　こうえんを　さんぽします。
9. いつも　よる　10時(じ)に　ねます。
10. えきの　まえに　コンビニが　あります。

1	後ろ
2	夜食
3	午前
4	昼休み
5	朝
6	晩ごはん
7	夜中
8	早朝
9	夜
10	前

2章(しょう)　アチーブメントテスト

【1】漢字(かんじ)を　読(よ)みましょう。　intimately personally

1. パーティーで　川本(かわもと)さんと　<u>親しく</u>　なりました。
（したしく）

2. たからくじで　一(いち)おく円(えん)　<u>当たったら</u>　どうしますか。
（あたったら）

3. なつは　あついので　かみを　みじかく　<u>切りました</u>。
（きりました）

4. あそこの　ケーキは　すぐ　<u>品切れ</u>に　なってしまいます。
（しなぎれ）

5. かの女(じょ)は　<u>上品な</u>　ふんいきを　もっています。
（じょうひんな）

6. くにの　先生(せんせい)から　<u>便り</u>が　来(き)ました。
（たより）

7. <u>昼食</u>は　近(ちか)くの　こうえんで　食(た)べましょう。
（ちゅうしょく）

8. 今日(きょう)は　ラーメンを　五百食(ごひゃくしょく)　<u>売りましょう</u>。
（うりましょう）

9. <u>早朝</u>　犬(いぬ)と　さんぽします。
（そうちょう）

10. うちの　近(ちか)くに　新(あたら)しい　<u>店</u>が　できました。
（みせ）

【2】漢字(かんじ)を　書(か)きましょう。

1. おやこ　（親子）
2. ほんてん　（本店）
3. くろじ　（黒字）
4. しんぶんし　（新聞紙）
5. きゃくま　（客間）
6. ぜんご　（前後）
7. よなか　（夜中）
8. しょうご　（しょう午）
9. しんゆう　（親友）
10. あさばん　（朝晩）

【3】ぶんを　読(よ)んで　漢字(かんじ)を　読(よ)んだり　書(か)いたりしましょう。

　先(せん)しゅう　学校(がっこう)の　①前に　新(あたら)しい　コンビニが　できました。②夜みちにコンビニが　あると　明(あか)るくて　安心(あんしん)します。

　コンビニには　いろいろな　③しなものが　あります。私(わたし)は　学校(がっこう)の　④ひるやすみに　⑤おべん当や　飲(の)み物(もの)を　買(か)います。⑥昼は　たくさんの　⑦おきゃくさんが　⑧利よう　しますから　こんでいます。

　うちの　近(ちか)くにも　コンビニが　あります。コンビニは　⑨あさから　⑩ばんまで　24時間(じかん)　あいているので　⑪よる　おそい　時間(じかん)にも　行(い)くことが　できます。きのうも　⑫夜食を　買(か)いに　行(い)きました。

　コンビニで　コピーを　することも　できます。昨日(きのう)は　友(とも)だちの　ノートをコピーしました。⑬白黒コピーは　一(いち)まい　十円(じゅうえん)です。

　⑭ぎんこうの　ATM も　あります。ぎんこうが　うちから　遠(とお)くて　⑮ふ便でもコンビニで　お金(かね)が　おろせます。

　トイレを　⑯つかうことも　できるし　⑰切手を　買(か)うこともできるし　日本(にほん)のコンビニは　とても　⑱べんりです。

　⑲店いんも　みんな　⑳しんせつです。コンビニは　私(わたし)の　生(せい)かつには　ぜったいひつような　ところです。

supper, night meal

① まえ	② よ　みち	③ 品物	④ 昼休　み
⑤ おべんとう	⑥ ひる	⑦ お 客　さん	⑧ り　よう
⑨ 朝	⑩ 晩	⑪ 夜	⑫ やしょく
⑬ しろくろ	⑭ 銀行	⑮ ふべん	⑯ 使　う
⑰ きって	⑱ 便利	⑲ てん　いん	⑳ 親切

２章(しょう)　クイズ

【１】下(した)の　ポスターを　見(み)て　①〜⑯の　読(よ)み方(かた)を　書(か)きましょう。

フレンドマート　①しぶや店

アルバイト

えき②前だから③近くて　④便利

先(せん)ぱい⑤店いんはみんな⑥親切

【しごと】

・レジ

・⑦しょう品ならべ（⑧べん当など）

【時(じ)きゅう】

A：⑨午前 6:00 〜 9:00　　1200 円(えん)

B：⑩午後 6:00 〜 9:00　　1000 円(えん)

C：午後 10:00 〜 1:00　　1200 円(えん)

※⑪朝　⑫早い時間(じかん)、⑬夜おそい時間(じかん)にできる人(ひと)　大(だい)かんげい

⑭お客さんとたのしく話(はなし)ができる人(ひと)！

いっしょにたのしく⑮働きましょう。

⑯店長：すずき

① しぶや みせ/てん	② まえ	③ ち　くて	④ べんり
⑤ てん　いん	⑥ しんせつ	⑦ しょう ひん	⑧ べん とう
⑨ ごぜ	⑩ ごご	⑪ あさ	⑫ はや　い
⑬ よる	⑭ お きゃく さん	⑮ はたらきましょう	⑯ てんちょう

【2】□に 入る 漢字を 書きましょう。

（れい）

	学	
本	校	長
	か	

1.

	りょう	
父	親	友
	子	

2.

	売	
本	店	長
	いん	

3.

	今	
早	朝	食
	日	

4.

	今	
しん	夜	中
	食	

5.

	白	
まっ	黒	ばん
	字	

【3】コンビニの 中に ある ことばです。まちがえている 漢字に ○を つけて ただしい 漢字を 書きましょう。

1.

2.

3.

4.

1. 白黒	2. 銀行	3. 使よう中	4. 晩

3章 おくり物

1　荷物

手紙や　荷物を　送るときに　使う　ことばを　おぼえましょう。
宅はい便で　荷物を　送ったり　うけとったりすることが　できるように　なります。

荷	送	宅	急	速	遅	重	軽

荷 に (load) 10かく　＊	荷	荷	荷	荷	荷	荷
	艹 (1, 2, 3)	芢 (4, 5)	苻 (6)	荷 (7, 8)	荷 (9)	荷 (10)

送 おく-る ソウ 9かく	送	送	送	送	送	送
	丷 (1, 2, 3)	兰 (4)	关 (5, 6)	关 (7)	送 (8)	送 (9)

◆ 漢字を　読みましょう

① 荷物が　たくさん　ありますね。少し　もちましょうか。
（にもつ）　（すこ し）

② 手荷物は　あそこの　カウンターに　あずけてください。
（てにもつ）

③ メールに　データを　てんぷして　送ってください。
（おく　って）

④ 雨が　ふっていたので　えきまで　友だちを　送りました。
（あめ）　（とも だち）（　りました）

送別会 farewell party

⑤ 友だちが　ひっこします。わかれる前に　みんなで　送べつ会を　しました。
（とも　だち）　（まえ）　（そう べつ かい）

◆ 漢字を　書きましょう

① にもつ　（荷物　）　② てにもつ　（手荷物　）

③ 手紙をおくる　（送　る）　④ メールそうしん（送　しん）

⑤ みおくり　（見送　り）　⑥ そうべつかい（送 べつ 会）

seeing one off / farewell / escort

transmission / sending / 送信

宅　タク 6かく	宅	宅	宅	宅	宅	宅

急　いそ-ぐ キュウ 9かく	急	急	急	急	急	急

◆ 漢字(かんじ)を　読(よ)みましょう

① 山田さんの　お宅は　どちらですか。
（やまだ）（おたく）

② このあたりの　じゅう宅は　みんな　ゆう名人の　家です。
（じゅうたく）（ゆうめいじん）（いえ）

③ 友だちと　パーティーを　します。宅はいピザを　ちゅうもんします。
（ともだち）（たくはい）

④ 時間が　ないので　急いで　昼ごはんを　食べます。
（じかん）（いそいで）（ひるごはん）（たべます）

⑤ じゅぎょう中　急に　おなかが　いたくなりました。
（ちゅう）（きゅうに）

◆ 漢字(かんじ)を　書(か)きましょう

① きたく　（帰宅）　② じゅうたく　（じゅう宅）

③ おたく　（お宅）　④ いそいで帰(かえ)る　（急いで）

⑤ きゅうこう　（急行）　⑥ きゅうなようじ　（急な）

⑦ きゅうきゅうしゃ　（きゅう急車）

速　はや‐い　ソク 10 かく　＊	速	速	速	速	速	速
	1 2 3	4	5	6 7	8 9	10

遅　おく‐れる　おそ‐い　チ 12 かく　＊	遅	遅	遅	遅	遅	遅
	1 2 3	4 5 6	7 8	9 10	11	12

◆ 漢字（かんじ）を　読（よ）みましょう

① この川は　ながれが　速いです。
（　　　）　（　　い）

② 兄は　あたまの　かいてんが　速いです。
（　　　）　（　　い）

③ このみちは　時速60 キロまでしか　出してはいけません。
（　　　）　（　しては）

④ ねぼうして　やくそくの　時間に　遅れてしまいました。
（　　　）（　　れて）

⑤ 学校に　遅こくしないでください。
（　　　）（　　こく）

◆ 漢字（かんじ）を　書（か）きましょう

① はやい　（　　い）　② はやさ　（　　さ）

③ そくど　（　　ど）　④ じそく　（　　　）

⑤ そくたつ　（　　たつ）　⑥ 時間（じかん）におくれる（　　れる）

⑦ 電車（でんしゃ）がおくれる（　　れる）　⑧ ちこく　（　　こく）

重	かさ－なる かさ－ねる おも－い ジュウ 9かく　＊
軽	かる－い かろ－やか ケイ 12かく

◆ 漢字を　読みましょう

① 今日は　とても　さむいです。ふくを　何まいも　重ねて　きています。
（　　　）　　　（　　まい）（　　ねて）

② 荷物が　重いので　タクシーで　帰ります。
（　　　）（　　い）　（　　ります）

③ 今日の　会ぎは　とても　重ようなので　遅れないでください。
（　　　）（　　ぎ）（　　よう）（　　れないで）

④ ダイエットを　始めました。晩ごはんは　軽い　ものに　しています。
（　　めました）（　　ごはん）（　　い）

⑤ 朝の　ストレッチを　つづけていたら　体が　軽くなりました。
（　　　）　　　（　　　）（　　く）

◆ 漢字を　書きましょう

① よていがかさなる（　　　なる）　② 気がおもい（　　　い）

③ たいじゅう（　　　）　④ 荷物がかるい（　　　い）

⑤ かるいけが（　　　い）　⑥ 口がかるい（　　　い）

⑦ かろやかにあるく（　　　やかに）　⑧ けいしょく（　　　）

ふくしゅう

【1】漢字(かんじ)を　読(よ)みましょう。

1. このダンボール、とても　<u>重い</u>です。何(なに)が　入(はい)っていますか。
2. 友(とも)だちに　しゃしんを　メールで　<u>送ります</u>。
3. いい天気(てんき)でしたが　<u>急に</u>　雨(あめ)になりました。
4. くにの　母(はは)から　<u>荷物</u>が　とどきました。
5. ダイエットしたら　体(からだ)が　<u>軽く</u>なりました。
6. どうして　<u>遅こく</u>したんですか。
7. 先生(せんせい)の　<u>お宅</u>は　どちらですか。
8. 友(とも)だちを　くうこうまで　<u>見送り</u>に　行(い)きました。
9. 高山(たかやま)さんは　クラスで　一(いち)ばん　足(あし)が　<u>速い</u>です。
10. 時間(じかん)が　ないので　<u>急いで</u>ください。

1	おも　い
2	おく　ります
3	きゅう　に
4	にもつ
5	かる　く
6	おそ　こく
7	お　たく
8	みおく　り
9	はや　い
10	いそ　いで

【2】漢字(かんじ)を　書(か)きましょう。

1. 私(わたし)は　まい晩(ばん)　7時(じ)に　<u>きたく</u>します。
2. すみません。この手紙(てがみ)を　<u>そくたつ</u>で　おねがいします。
3. くにへ　帰(かえ)る　友(とも)だちの　<u>そうべつかい</u>を　します。
4. しりょうを　10まい　<u>かさねたら</u>　ホッチキスで　とめます。
5. <u>てにもつ</u>は　こちらの　カウンターへ　どうぞ。
6. ここで　サンドイッチなどの　<u>けいしょく</u>が　買(か)えます。
7. このえきは　<u>きゅうこう</u>の　電車(でんしゃ)は　とまりません。
8. <u>たいじゅう</u>が　ふえたので　ジョギングを　始(はじ)めました。
9. あ、雨(あめ)ですね。えきまで　<u>おくりましょう</u>か。
10. やくそくの　時間(じかん)に　<u>おくれて</u>　かの女(じょ)と　けんかしました。

1	帰宅
2	速　たつ
3	送　べつ　会
4	重　ねたら
5	手荷物
6	軽食
7	急行
8	体重
9	送　りましょう
10	遅　れて

2 あて先

荷物を　送るとき　かならず　あて先を　書きます。
あて先を　書くときに　ひつような　漢字を　おぼえましょう。

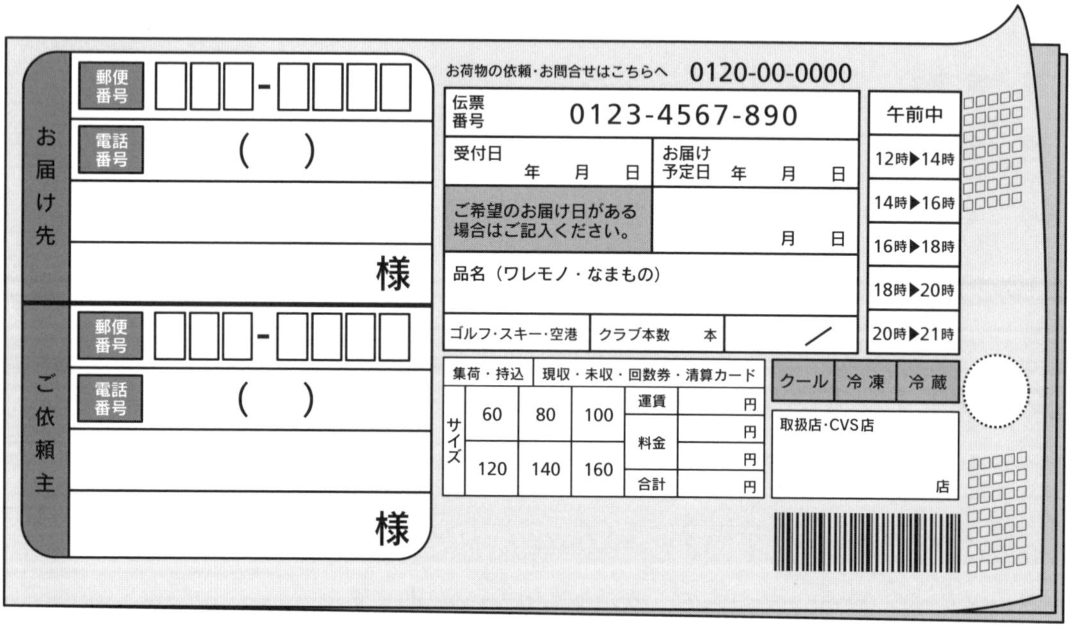

住　所　様　主　番　地　号

住　す-む　ジュウ　7かく　＊	住	住	住	住	住	住
	亻	亻	仁	什	住	住

所　ところ　ショ　8かく	所	所	所	所	所	所
	一	戸	戸	所	所	所

◆ 漢字（かんじ）を　読（よ）みましょう

① 私は　学生ようの　アパートに　住んでいます。
（　　）（　　よう）（　んで）

② 住宅がいの　中に　大きな　こうえんが　あります。
（　　がい）（　　）（　きな）

③ 私は　高い　所が　あまり　好きじゃありません。
（　　）（　い）（　　）（　き）

④ この部屋は「いま」です。食じを　したり　テレビを　見たりする　所です。
（　　）（　　じ）（　たり）（　　）

⑤ ここに　あなたの　名前と　住所を　書いてください。
（　　）（　　）（　いて）

◆ 漢字（かんじ）を　書（か）きましょう

① すむ（　　む）　② じゅうたくがい（　　がい）

③ たかいところ（　い　）　④ じゅうしょ（　　）

⑤ ばしょ（　　）　⑥ なんかしょ（　か　）

⑦ ちょうしょ（　　）　⑧ たんしょ（たん　）

様　さま ヨウ　14 かく	様	様	様	様	様	様
	木	栏	栏	样	様	様

主　ぬし おも シュ　5 かく　*	主	主	主	主	主	主
	丶	亠	亡	宇	主	

◆ 漢字を　読みましょう

① お客様、おまたせいたしました。こちらへ　どうぞ。
（おきゃくさま）

② おつかれ様でした。お先に　しつれいします。
（さま）（おさきに）

③ 店の　外から　中の　様子を　見ます。
（みせ）（そと）（なか）（ようす）（みます）

④ おとし物の　さいふの　もち主を　さがしています。　the owner, the proprietor
（おとしもの）　（もちぬし）

⑤ 早川さんの　ご主人は　新しく　部長になりました。
（はやかわ）（ごしゅじん）（あたらしく）（ぶちょう）

◆ 漢字を　書きましょう

① たなかさま　（田中様）　② おきゃくさま　（お客様）

③ 店内のようす　（主子）　④ もちぬし　（もち主）

mainly — ⑤ おもに　（主に）　⑥ おもなメンバー　（主な）

⑦ ごしゅじん　（ご主人）

番　バン 12 かく	番	番	番	番	番	番

地　チ ジ 6 かく	地	地	地	地	地	地

◆ 漢字（かんじ）を　読（よ）みましょう

① がんばって　べんきょうしたら　テストで　一番を　とりました。
（　　　　　）

② こう番で　銀行への　行き方を　聞きました。
（こう　　）（　　　　）（　き　　）（　きました）

③ 今日の　そうじ当番は　私たちの　グループです。
（　　　）（　　　　）（　　　たち）

④ デパートの　地下で　食りょう品を　たくさん　買いました。
（　　）（　　りょう　　）（　いました）

⑤ あの人は　いつも　地みな　ふくを　きています。
（　　）（　みな）

◆ 漢字（かんじ）を　書（か）きましょう

① いちばん　（　　　　　）　② なんばん　（　　　　　）

③ こうばん　（こう　　　）　④ とうばん　（　　　　　）

⑤ ちめい　（　　　　　）　⑥ ちじょう　（　　　　　）

⑦ ばんち　（　　　　　）　⑧ じみないろ　（　　　みな）

号　ゴウ	号	号	号	号	号	号
5かく	1	2	3	4	5	

◆ 漢字を　読みましょう

① 電話番号を　おしえてください。
（でんわばんごう）

② マンションの　部屋は　何号室ですか。
（へや）（なんごう　しつ）

③ まい月　読んでいる　ざっしの　11月号を　買いました。
（まい げつ）（よ んでいる）（じゅういち ばん　）（か いました）

◆ 漢字を　書きましょう

① でんわばんごう（電話番号）　② 101ごうしつ（号　しつ）

③ しんごう（しん号）　④ ねんごう（年号）

⑤ ごうがい（号外）

signal - traffic light

ふくしゅう

【1】漢字（かんじ）を　読（よ）みましょう。

1. テストで　一番が　とれるように　べんきょうします。
2. 住宅がいの　中（なか）に　大（おお）きい　スーパーが　あります。
3. 明日（あした）　テストが　あるので　年号を　おぼえます。
4. 7時（じ）に　いつもの　場所で　会（あ）いましょう。
5. 家族（かぞく）は　主人と　私（わたし）の　二人（ふたり）です。
6. 黒川（くろかわ）さんは　一人（ひとり）で　アパートに　住んでいます。
7. お客様、こちらの　セーターは　いかがですか。
8. ちょっと　地みですね。ちがう　デザインは　ありますか。
9. 私（わたし）は　高（たか）い　所が　あまり　好（す）きじゃありません。
10. ここからは　中（なか）の　様子が　ぜんぜん　わかりません。

1	いちばん
2	じゅうたくがい
3	ねんごう
4	ばしょ
5	しゅじん
6	す　んで
7	お きょくさま
8	じ　み
9	ところ
10	ようす

【2】漢字（かんじ）を　書（か）きましょう。

1. このかさの　もちぬしが　わかりますか。
2. でんわばんごうを　おしえてください。
3. 私（わたし）の　ちょうしょは　明（あか）るくて　元気（げんき）な　ところです。
4. ワイン売（う）り場（ば）は　ちか一（いっ）かいです。
5. 本屋（ほんや）で　ざっしの　12がつごうを　買（か）います。
6. ここに　名前（なまえ）と　じゅうしょを　書（か）いてください。
7. 私（わたし）の　しごとは　おもに　えいぎょうの　サポートです。
8. 今日（きょう）の　そうじとうばんは　だれですか。
9. おつかれさまでした。お先（さき）に　しつれいします。
10. インターネットで　ちめいを　しらべます。

1	もち
2	電話番号
3	長所
4	地下
5	12月号
6	住所
7	主　に
8	当番
9	様
10	地名

3章(しょう) おくり物(もの)

3 都道府県(とどうふけん)

いろいろな　所(ところ)に　手紙(てがみ)や　荷物(にもつ)を　送(おく)ります。
送(おく)るときに　ひつような　ことばを　読(よ)んだり
書(か)いたり　できるように　なりましょう。

京	都	道	府	県	市	区	村

京 キョウ ケイ	京	京	京	京	京	京
8かく						

都 みやこ ト	都	都	都	都	都	都
11かく ＊						

◆ 漢字を　読みましょう

①東京の　人口は　やく1,300万人です。
（　　　　）（　　　　）（　　　　）

②京ひんには　工場が　たくさん　あって　とても　ゆう名です。
（　　ひん）（　　　　）　（ゆう　　）

③地方から　上京して　もう20年に　なります。
（　　　　）（　　　　）（　　　　）

④東京都は　日本の　しゅ都です。
（　　　　）（　　　　）（しゅ　）

⑤いつか　都会で　生かつしたいです。
（　　　　）（　　かつ）

◆ 漢字を　書きましょう

①とうきょう（　　　　）　②きょうと（　　　　）

③けいひん（　　　　ひん）　④となない（　　　　）

⑤とかい（　　　　）　⑥住めばみやこ（　　　　）

道　みち　ドウ	道	道	道	道	道	道
12 かく　＊	丷	䒑	首	首	道	道

府　フ	府	府	府	府	府	府
8 かく	亠	广	广	庁	府	府

◆ 漢字(かんじ)を　読(よ)みましょう

① 道を　あるくときは　車に　気をつけましょう。
（みち）　（くるま）（き）

② 家の　前の　道で　たくさんの　子どもたちが　あそんでいます。
（いえ）（まえ）（みち）　（こ ども）

③ 私の　いとこは　北かい道に　住んでいます。
（わたし）　（ほっかいどう）（すんで）

④ 大さか府は　西日本の　中しんです。　→ cewer
（おおさかふ）（にしにほん）（ちゅうしん）

⑤ 後ろに「府」が　つく所は　大さかと　京都です。
（うしろ）（ふ）（ところ）（おおさか）（きょうと）

◆ 漢字(かんじ)を　書(か)きましょう

highway, road

① みちをあるく（道　）　② どうろ（道　ろ）

③ ほっかいどう（北　かい道）　④ どうぐ tool, instrument, implement（道具　ぐ）

⑤ おおさかふ（大　さか府）　⑥ きょうとふ（京都府　）

県　ケン 9かく	県	県	県	県	県	県
	1 2	3 4	6 5	7	8	9

market, city, town 市　いち　シ 5かく	市	市	市	市	市	市
	1	2	3	4	5	

◆ 漢字(かんじ)を　読(よ)みましょう

① 日本には　四十三の　県が　あります。
（にほん）（よんじゅうさん）（けん）

② 私は　山口県の　生まれです。
（わたし）（やまぐちけん）（う　まれ）

③ ひっこしたときは　市やく所に　行って　手つづきを　しなければなりません。
（しやくしょ）（い　って）（てつづき）

procedure, legal process
municipal office, council, city hall

④ 日よう日に　新しい　市長を　きめる　せんきょが　あります。
（にちようび）（あたらしい）（しちょう）

mayor
election

⑤ 朝市に　行くと　新しい　やさいを　安く　買うことが　できます。
（あさいち）（いく）（あたらしい）（やす　く）（か　う）

morning market

◆ 漢字(かんじ)を　書(か)きましょう

① やまぐちけん　（山口県）　② あおもりけん　（あお森県）青

③ いわてけん　（岩手県）　④ いちば　（市場）

⑤ しやくしょ　（市　やく所）　⑥ しない　（市内）

⑦ いっといちどうにふよんじゅうさんけん　（一都一道二府四十三県）

ward, district 区　ク 4かく	区	区	区	区	区	区

village 村　むら ソン 7かく	村	村	村	村	村	村

◆ 漢字(かんじ)を　読(よ)みましょう

① 東京都には　23の　区が　あります。
（とうきょうと）（く）

② 子どもたちは　住んでいる　区内の　学校に　行っています。
（こども）（すんで）（くない）（がっこう）（いって）

in the ward / borough

③ この道を　わたると　となりの　区に　なります。
（みち）　（く）

④ この村は　人も　車も　都会に　くらべて　少ないです。
（むら）（ひと）（くるま）（とかい）（ちいさない）

⑤ いくつかの　市町村を　まとめて　新しい　ひとつの　市が　できました。
（しちょうそん）（あたらしい）（いち）

cities, towns & villages

◆ 漢字(かんじ)を　書(か)きましょう

mayor of ward

① にじゅうさんく（二十三区）　② くちょう（区長）

③ くない（区内）　④ むら（村）

⑤ そんちょう（村長）　⑥ しちょうそん（市町村）

village mayor
head man

ふくしゅう

【1】漢字(かんじ)を　読(よ)みましょう。

1. 東京は　人(ひと)が　多(おお)くて　にぎやかな　所(ところ)です。
2. ふゆ休(やす)みに　友(とも)だちと　北かい道へ　行(い)きます。
3. このコンサートは　区内の　人(ひと)は　むりょうです。
4. 京都は　古(ふる)い　お寺(てら)が　たくさん　あります。
5. となりの　村へ　行(い)くとき　バスで　２時間(じかん)　かかります。
6. 市場では　新(あたら)しい　やさいや　魚(さかな)を　安(やす)く　売(う)っています。
7. 日本(にほん)の　しゅ都は　どこか　わかりますか。
8. あなたは　何県の　出(しゅっ)しんですか。
9. 市内を　かんこうバスで　まわる　ツアーが　人気(にんき)です。
10. 府が　つく所(ところ)は　大(おお)さかと　京都(きょうと)の　ふたつです。

1	とうきょう
2	ほっかいどう
3	くない
4	きょうと
5	むら
6	いちば
7	しゅト
8	なんけん
9	しない
10	ふ

【2】漢字(かんじ)を　書(か)きましょう。

1. 日本(にほん)では　車(くるま)は　どうろの　左(ひだり)を　はしります。
2. しやくしょの　となりの公園(こうえん)は　とても　きれいです。
3. 東京(とうきょう)の　大学(だいがく)に　入(はい)りたいと　おもって　じょうきょうしました。
4. 日本(にほん)には　いっといちどうにふよんじゅうさんけん　あります。
5. 私(わたし)の　むらには　コンビニが　ないので　ふ便(べん)です。
6. とうきょうとの　人口(じんこう)は　やく千三百万人(せんさんびゃくまんにん)です。
7. 新聞(しんぶん)に　くちょうの　インタビューが　のっています。
8. ぜひ　一(いち)ど　とかいに　住(す)みたいと　おもっています。
9. みちに　タバコや　ゴミを　すててはいけません。
10. 住所(じゅうしょ)へんこうは　しちょうそんの　やく所(しょ)で　してください。

1	道ろ
2	市やく所
3	上京
4	一都道二府四十三県
5	村
6	東京都
7	区長
8	都会
9	道
10	市町村

3章(しょう)　アチーブメントテスト

【1】漢字(かんじ)を　読(よ)みましょう。

1. このえきは　急行の　電車(でんしゃ)は　とまりません。
   （きゅうこう　）
2. りょうりが　できました。すぐ　お客様に　出(だ)してください。
   （お きゃくさま　）
3. メールを　送しんするときは　あいての　アドレスを　かくにんしましょう。
   （そう　しん）
4. つくえの　上(うえ)に　本(ほん)を　たくさん　重ねて　おかないでください。
   （かさ　ねて）
5. 新(しん)かんせんも　ひ行(こう)きも　速いですが　りょう金(きん)が　かかります。
   （はや　い）
6. 東京(とうきょう)は　高(たか)い　ビルが　たくさん　あって　人(ひと)も　多(おお)くて　都会ですね。
   （とかい　）
7. インターネットで　東京(とうきょう)タワーの　場所を　しらべます。
   （ばしょ　）
8. 速たつで　出(だ)したら　明日(あした)の　夕方(ゆうがた)までに　とどきます。
   （そく　たつ）
9. くにへ　帰(かえ)る　友人(ゆうじん)を　くうこうまで　見送りに　行(い)きました。
   （みおく　り）
10. すず木(き)さんの　ご主人は　有名(ゆうめい)な　会社(かいしゃ)の　社長(しゃちょう)です。
   （しゅじん　）

【2】漢字(かんじ)を　書(か)きましょう。

1. ちょうしょ　（長所　）	2. ちじょう　（地　）
3. けいしょく　（軽食　）	4. そうべつかい（送　べつ　会）
5. ちこく　（遅　こく）	6. じそく　（時速　）
7. ようす　（様子　）	8. ごうがい　（号　）
9. とない　（都内　）	10. あさいち　（朝市　）

state, state of affairs, situation

【３】ぶんを　読(よ)んで　漢字(かんじ)を　読(よ)んだり　書(か)いたりしましょう。

日本(にほん)の　①にもつを　②おくるサービスは　じゅうじつしています。この前(まえ)　学校(がっこう)の　じゅぎょうで　③宅はい便の　人(ひと)に　インタビューして　いろいろなことが　わかりました。

日本(にほん)の　宅はい便は　たとえば　明日(あした)までに④いそいで　送(おく)りたいとき、おねがいした時間(じかん)に　⑤遅れることは　ありません。荷物(にもつ)が　うけとれなくても⑥きたくしてから　電話(でんわ)すれば　夜(よる)⑦おそい　時間(じかん)でも　もう一(いち)ど　とどけてくれます。とても　うれしい　サービスですね。

道(みち)の　もんだいが　なければ　⑧すんでいる　⑨区内や　⑩市内は　だいたいつぎの日に　とどきます。⑪北かい道や　おきなわなど　遠(とお)い　⑫ところは　少(すこ)し時間(じかん)が　かかります。

荷物(にもつ)を　送(おく)るときは　あて名(な)を　きちんと　書(か)かなければなりません。宅はい便の人(ひと)は　⑬じゅうしょは　⑭ばんちだけでなく　マンションや　アパートの名前(なまえ)と　部屋(へや)が　⑮何号しつかまで　きちんと　書(か)いてほしいと　言(い)っていました。⑯急な　れんらくを　したいときも　あるので　⑰でんわばんごうも　わすれずに　書(か)いてほしいと　言(い)っていました。

宅はい便の　人(ひと)に　いろいろな　話(はなし)が　聞(き)けて　べんきょうに　なりました。みなさん　⑱おもい　荷物(にもつ)も　⑲軽い　もののように　もっていました。これが　私(わたし)が⑳いちばん　おどろいたことです。

① 荷物	② 送 る	③ たくはいびん	④ 急 いで
⑤ おく れる	⑥ 帰宅	⑦ 遅 い	⑧ 住 んでいる
⑨ くない	⑩ しない	⑪ ほっかいどう	⑫ 所
⑬ 住所	⑭ 番地	⑮ なんがばん しつ	⑯ きゅう な
⑰ 電話番号	⑱ 重 い	⑲ かる い	⑳ 一番

3章　クイズ

【1】手紙の　あて名を　書きましょう。

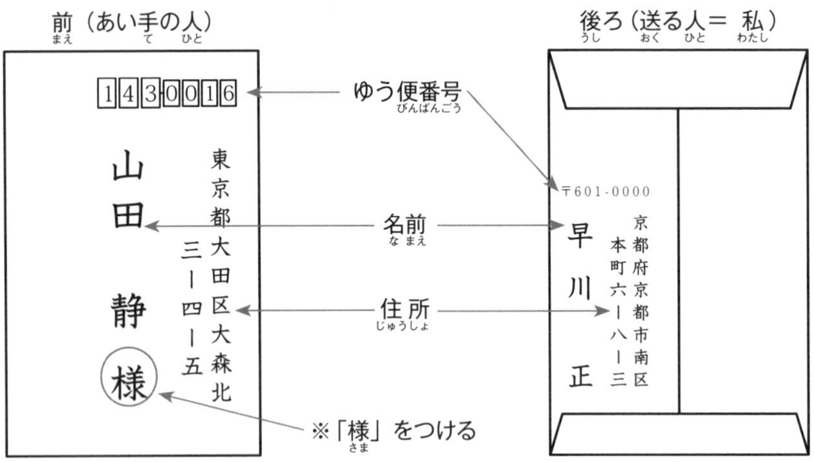

≪前≫

① あて名は、紙の　まん中に　大きく　書きます。

② 送り先の　住所は　あて名より　少し　小さい字で　一字目と　同じくらいの　高さから　書きます。

③ マンションや　アパートの名前と　部屋番号も　書きます。

≪後ろ≫

① 送る　人の　名前と　住所は　あて名より　小さい字で　書きます。

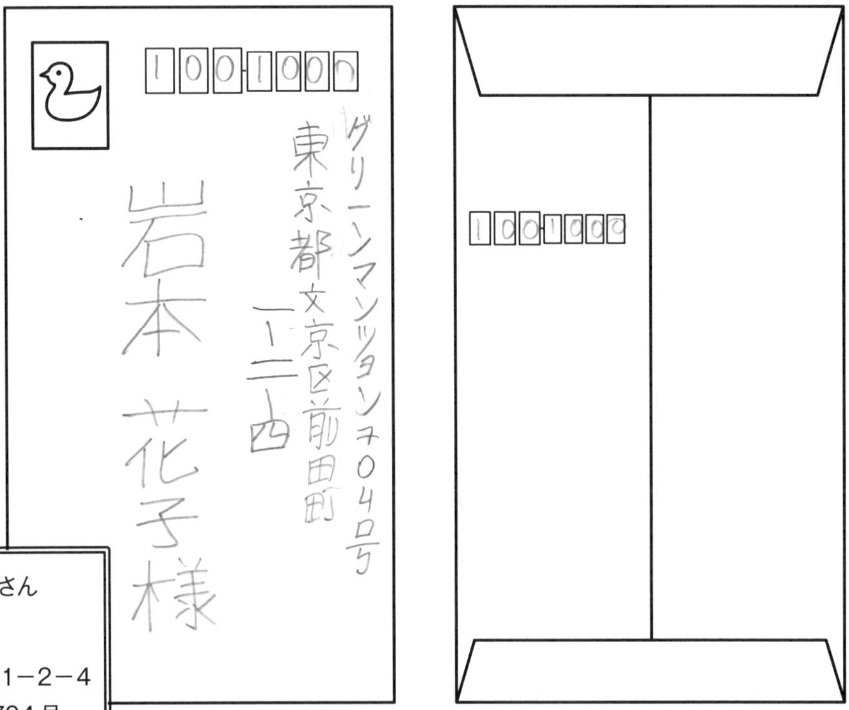

友だち…岩本　花子さん

〒100-1000

東京都文京区前田町1－2－4

グリーンマンション 704 号

【2】□の 中(なか)には どんな 漢字(かんじ)が 入(はい)りますか。えらんで 書(か)きましょう。

(れい) 重い ⇔ **軽** い　　1. 急 行 ⇔ ふつう　普通

2. 速 い ⇔ 遅い　　3. 地 上 ⇔ 地 下

4. 長 所 ⇔ 短(たん) 所

急　速　地　長　軽　所　地

【3】やくそくの 時間(じかん)に 遅(おく)れました。漢字(かんじ)を 入(い)れて りゆうを せつ明(めい)しましょう。

所　道
遅　送
急　重
速

(れい) ごめんなさい。(**急**) な ようじで…。

1. 電車(でんしゃ)が (遅) れてしまって…。
2. 待(ま)ちあわせの 場(ば) (所) が わからなくて…。
3. 遅(おく)れるって、メールを (送) ったんだけど…。
4. 部長(ぶちょう) に (重) ような しごと たのまれてしまって…。
5. タクシーに のったら (道) が こんでて…。

【4】宅(たく)はいピザを ちゅうもんします。□の中(なか)に 漢字(かんじ)を 入(い)れましょう。

店：はい。いつも ありがとうございます。ピザハウス、しんじゅく店(てん)です。

客：ちゅうもんを おねがいします。

店：はい。では、まず お ①[客様] の お電話(でんわ) ②[番号] を おねがいします。

客：03-1234-9876 です。

店：お名前(なまえ)は？

客：緑川(みどりかわ)です。

店：緑川(みどりかわ) ③[様] ですね。では、ごちゅうもんを おねがいします。

客：シーフードピザを一(いち)まいと ミックスピザを一(いち)まい、おねがいします。

店：かしこまりました。では ご ④[住所] を おねがいします。

客：目黒(めぐろ) ⑤[区] 品山町(しなやまちょう) 3ちょう目(め)、25 ⑥[番] の 1号(ごう)です。
　朝日(あさひ)マンションの 402号(ごう)しつです。

店：はい、わかりました。それでは、今(いま)から 30分(ぷん)い内(ない)に とどけます。
　もし ⑦[遅] れたら サービスけんを プレゼントします。ありがとうございました。

4章 デート

1　デート

デートは　どんなところに　行きますか。
映画を　見たり　ゆう園地に　行ったり・・・
公園を　さんぽするのも　いいですね。

毎	週	映	画	図	館	公	園

毎　マイ 6かく	毎
週　シュウ 11かく	週

◆ 漢字を　読みましょう

① きょ年から　毎日　日きを　つけています。
（きょねん）（まいにち）（にっき）

② 毎年　そ母の　たんじょう日に　家族で　おいわいを　します。
（まいとし）（そぼ）（たんじょうび）（かぞく）

③ 毎週　金よう日に　テストが　あります。
（まいしゅう）（きんようび）

④ かの女と　一週間ぶりに　会えて　うれしかったです。
（かのじょ）（いっしゅうかん）（あえて）

⑤ 今どの　週まつ　友だちと　買い物に　行きます。
（こんど）（しゅうまつ）（ともだち）（かいもの）（いきます）

◆ 漢字を　書きましょう

① まいにち（毎日）　② まいとし（毎年）

③ まいかい（毎かい）　④ まいしゅう（毎週）

⑤ しゅうきゅう（週休）　⑥ にしゅうかん（二週間）

⑦ しゅうまつ（週まつ）　⑧ らいしゅう（来週）

weekly holiday

映　うつ-る　うつ-す　エイ	映					
9かく　＊	1 2 3	4	5 6	7	8	9

画　ガ　カク	画					
8かく	1 2 3	4	5	6	7	8

◆ 漢字(かんじ)を　読(よ)みましょう

① テレビに　友だちが　映って　びっくりしました。

（　　だち）（　　って）

② スライドを　映して　しゃしんを　見せます。

（　　して）　（　　せます）

③ きのう　はじめて　こい人と　映画を　見に　行きました。

（こい　　）（　　）（　　に）（　　きました）

④ ゆう名な　画家の　えを　かざります。

（ゆう　　な）（　　）

⑤ 来週の　りょ行の　けい画を　立てました。

（　　）（りょ　　）（けい　　）（　　てました）

◆ 漢字(かんじ)を　書(か)きましょう

① テレビにうつる（　　る）

② すがたをうつす（　　す）

③ えいが（　　）

④ がか（　　）

⑤ パソコンのがめん（　　めん）

⑥ まんが（まん　　）

⑦ かくすう（　　すう）

⑧ けいかく（けい　　）

図　ズ ト　7かく　＊	図

館　カン　16かく　＊	館

◆ 漢字(かんじ)を　読(よ)みましょう

① ドライブの　と中で　車を　とめて　地図を　見ます。
（とちゅう）（くるま）（ちず）（み ます）

drawing & manual arts

② 図画工作の　じゅぎょうで　えを　かきます。
（ずがこうさく）

③ じゅぎょうが　終わったら　かれと　図書館で　べんきょうします。
（おわったら）（としょかん）

④ えきの　近くに　大きい　映画館が　できました。
（ちかく）（おおきい）（えいがかん）

⑤ 明日の　午前中に　大使館へ　行くつもりです。
（あした）（ごぜんちゅう）（たいしかん）（いく）

◆ 漢字(かんじ)を　書(か)きましょう

① ちず　（地図）
② ずがこうさく　（図画工作）
③ しょくぶつずかん　（図　かん）
④ としょかん　（図書館）
⑤ りょかん　（りょ館）
⑥ えいがかん　（映画館）
⑦ たいしかん　（大使館）
⑧ はくぶつかん　（はく物館）

公　おおやけ　コウ　4かく（official, governmental / public matter）	公	公	公	公	公
	丿 1	八 2	公 3	公 4	

園　エン　13かく　＊（garden (man-made)）	園	園	園	園	園
冂 1 2	冖 3 4	冖 5 6 7	冖 8	冖 9 10	園 11 12 13

◆ 漢字(かんじ)を　読(よ)みましょう

① ゆう名人カップルが　二人の　けっこんを　公に　しました。
（ゆうめいじん）（ふたり）（おおやけ）

② 私は　公立の　学校に　かよっています。（public institution）
（わたし）（こうりつ）（がっこう）

③ さい近は　公私ともに　いそがしい　まい日を　送っています。（public & private, official & personal）
（さいきん）（こうし）（まいにち）（おくって）

④ このドラマの　主人公は　今　人気の　アイドルです。
（しゅじんこう）（いま）（にんき）

⑤ かれと　公園へ　犬の　さんぽに　行きました。
（こうえん）（いぬ）（いきました）

◆ 漢字(かんじ)を　書(か)きましょう

① おおやけ　（公）
② こうりつ　（公立）
③ しゅじんこう　（主人公）
④ 映画(えいが)のこうかい　（公かい）（opening to the public）
⑤ こうえん　（公園）
⑥ ゆうえんち　（ゆう園地）（amusement park）
⑦ どうぶつえん　（どう物園）
⑧ ようちえん　（ようち園）（kindergarden）

ふくしゅう

【1】漢字(かんじ)を　読(よ)みましょう。

1. かの女(じょ)と　今(こん)どの　りょ行(こう)の　けい画を　立(た)てました。
2. 女(じょ)ゆうの　Ａさんは　年(ねん)れいを　公に　していません。
3. スライドに　グラフを　映して　せつ明(めい)します。
4. 中田(なかた)くんが　かく　まん画は　とても　おもしろいです。
5. 男(おとこ)の子(こ)が　こんちゅう図かんを　む中(ちゅう)で　見(み)ています。
6. 社長(しゃちょう)は　公私ともに　いそがしい　人(ひと)です。
7. このドラマを　毎かい　たのしみに　しています。
8. 明日(あした)の　午前中(ごぜんちゅう)に　大使館へ　行(い)くつもりです。
9. しけんまで　あと　２週間しか　ありません。
10. 子(こ)どもと　どう物園へ　行(い)く　やくそくを　しました。

1	けい がく
2	おおやけ
3	うつ して
4	まん が
5	こんちゅう と かん
6	こうし
7	まい かい
8	たいしかん
9	にしゅうかん
10	どう ぶつえん

【2】漢字(かんじ)を　書(か)きましょう。

1. ふじ山(さん)が　みずうみに　きれいに　うつっています。
2. きょうしつに　大(おお)きい　せかいちずが　はってあります。
3. 休(やす)みの日(ひ)　はれていたら　こうえんで　本(ほん)を　読(よ)みます。
4. テスト前(まえ)に　としょかんで　べんきょうします。
5. はこねへ　行(い)って　古(ふる)い　りょかんに　とまりました。
6. 子(こ)どもを　ようちえんまで　むかえに　行(い)きます。
7. しょう来(らい)は　がかになりたいです。
8. しゅうまつは　かの女(じょ)と　どこかへ　出(で)かけたいです。
9. まいにち　家(いえ)に　帰(かえ)ってから　２時間(じかん)　べんきょうします。
10. かれと　さい近(きん)　話(わ)だいの　えいがを　見(み)に　行(い)きました。

1	映 って
2	土也図
3	公園
4	図書食官
5	りょ 食官
6	ようち 園
7	画家
8	週 まつ
9	毋日
10	映画

2 けっこんきねん日(び)

けっこんきねん日(び)は　特(とく)べつな　日(ひ)です。
思(おも)い出(で)の　レストランで　食(しょく)じが　できたら　すてきですね。

夫	妻	特	思	料	理	有

wife 夫　おっと　フ　フウ 4かく	夫	夫	夫	夫	夫	夫
	一	二	井	夫		

wife 妻　つま　サイ 8かく	妻	妻	妻	妻	妻	妻
	ヨ	ヨ	妻	妻	妻	妻

◆ 漢字（かんじ）を　読（よ）みましょう

① 5年前に　夫と　出会いました。
（ごねんまえ）（おっと）（であい）

② けっこんしきに　部長ご夫妻を　しょうたいしました。
（ぶちょう ごふさい）

③ 休みの日は　夫ふで　りょうりを　作ります。
（やすみのひ）（ふうふ）（つくります）

④ けっこんきねん日に　妻に　ゆびわを　プレゼントしました。
（けっこんきねんび）（つま）

⑤ さとうさんは　会社では　ゆう名な　あい妻家です。 → devored husband
（かいしゃ）（ゆうめいな）（あいさいか）

◆ 漢字（かんじ）を　書（か）きましょう

① おっと（夫）

② たなかふさい（田中夫妻）

③ ふうふ（夫　ふ）

④ ふじん（夫人） Mrs, madame

⑤ つま（妻）

⑥ さいし（妻子） → wife & children

⑦ あいさいか（あい妻家）

特　トク 10かく	特	特	特	特	特	特

思　おも-う　シ 9かく	思	思	思	思	思	思

◆ 漢字(かんじ)を　読(よ)みましょう

① このなつは　特に　あつかったですね。
（とく　に）

② 今日は　特べつに　ワインで　かんぱいしましょう。
（まいにち）（とく　べつ）

③ かんこくごの　べんきょうを　始めようと　思っています。
（はじ　めよう）（おも　って）

④ みんなで　あそびに　行った　ふじ山は　いい　思い出になりました。
（い　った）（ふじさん　）（おも　いで　）

memories, recollections

⑤ じ分の　い思で　りゅう学を　きめました。
（じぶん　）（いし　）（りゅうがく　）

◆ 漢字(かんじ)を　書(か)きましょう

① とくべつ　（特　べつ）
② とくばい　（特売　）
③ とくに　（特　に）
④ とっきゅう　（特急　）
⑤ おもう　（思　う）
⑥ おもい　（思　い）
⑦ おもいで　（思　い　）
⑧ ししゅんき　（思　しゅんき）

special sale

limited express

puberty

料 リョウ 10 かく	料	料	料	料	料	料
理 リ 11 かく	理	理	理	理	理	理

◆ 漢字を　読みましょう

①料金は　先に　はらってください。
（　　　）（　　に）

②スーパーで　食料を　買います。
（　　　）（　　います）

③アルバイトで　はじめて　きゅう料を　もらいました。
（きゅう　　）

④妻の　作る　料理は　どれも　おいしいです。
（　　）（　　る）（　　　）

⑤私は　理けいの　こく立大学に　入りたいです。
（　　　）（　　けい）（こく　　　　）（　　りたい）

◆ 漢字を　書きましょう

① りょうきん	（　　　　）	② しょくりょう	（　　　　）
③ むりょう	（　　　　）	④ しりょう	（　　　　）
⑤ りょうり	（　　　　）	⑥ りゆう	（　　ゆう）
⑦ ぶつり	（　　　　）	⑧ りけい	（　　けい）

有　ユウ 6かく　＊	有	有	有	有	有	有
	ノ	ナ	冇	有	有	有

◆ 漢字を　読みましょう
（かんじ）（よ）

① 有名な　レストランで　かの女に　プロポーズしました。
（ゆうめい　な）　（かのじょ　）

prominent influential

② このじけんの　有力な　じょうほうが　ありません。
（ゆうりょく　な）

toll

③ 有料の　ちゅう車場ですが　ここに　とめましょう。
（ゆうりょう）（ちゅうしゃじょう　）

◆ 漢字を　書きましょう
（かんじ）（か）

① ゆうりょう　（有料　）　② ゆうめいじん（有名人　）

③ ゆうりょく　（有力　）　④ ゆうり　（有理　）

rational

ふくしゅう

【1】漢字(かんじ)を 読(よ)みましょう。

1. 週(しゅう)まつは 夫と 二人(ふたり)で テニスを します。
2. きのう 田中(たなか)夫妻に お子(こ)さんが 生(う)まれました。
3. 今年(ことし)の ふゆは 特べつに さむいです。
4. さとうさんは みんなも 知(し)っている あい妻家です。
5. 今年(ことし)は おんせんに 行(い)こうと 思っています。
6. じ分(ぶん)の い思で 日本(にほん)への りゅう学(がく)を きめました。
7. 特急電車に のれば 東京(とうきょう)まで 20分(ぷん)です。
8. ここは む料で お茶(ちゃ)を サービスしてくれます。
9. じけんの 有力な しょうこが 見(み)つかりました。
10. 私(わたし)は 理けいの 大学(だいがく)を そつぎょうしました。

1	おっと
2	ふうさい
3	とく べつ
4	あい さいか
5	おも って
6	い し
7	とっきゅうでんしゃ
8	む りょう
9	ゆうりょく な
10	り けい

【2】漢字(かんじ)を 書(か)きましょう。

1. はじめての きゅうりょうを もらいました。
2. ろうふうふが 手(て)を つないで あるいています。
3. 前川(まえかわ)くんは 学校(がっこう)で 一番(いちばん)の ゆうめいじんです。
4. 学生(がくせい)のときは ぶつりが とくいでした。
5. バスりょうきんは 前(まえ)ばらいで 二百円(にひゃくえん)です。
6. このきょくを 聞(き)くと いつも かれを おもいだします。
7. たん生日(じょうび)に りょうりを 作(つ)って おいわいします。
8. しぶやは とくに わかものが 多(おお)い 町(まち)です。
9. つまの たん生日(じょうび)に 花(はな)を あげました。
10. しゅしょうふじんは むかし 女(じょ)ゆうでした。

1	きゅう 料
2	夫 ふ
3	有名人
4	物理
5	料金
6	おもい出します
7	料理
8	特 に
9	妻
10	夫人

4章(しょう) デート

3 ファッション

いつもは　カジュアルな　ふだんぎでも　デートには　おしゃれを していきますね。場所(ばしょ)に　合(あ)わせて　コーディネートを　楽(たの)しみましょう。

洋　服　衣　短　毛　糸　玉　光

洋 ヨウ 9かく	洋	洋	洋	洋	洋	洋
	氵	氵丷	氵䒑	氵䒑	氵兰	洋

服 フク 8かく	服	服	服	服	服	服
	刀	月	月	月ア	月艮	服

◆ 漢字(かんじ)を　読(よ)みましょう

① せん門学校で　西洋料理を　べんきょうしました。
（せんもんがっこう）（せいようりょうり　）

② かの女に　洋がくの　CDを　かりました。
（かのじょ）（よう　がく）

③ 今どの　デートで　きる　洋服を　買いました。
（こん　ど）　（ようふく　）（か　いました）

④ 一どで　いいから　わ服を　きてみたいです。
（いち　ど）　（わふく　）

⑤ しごとのときは　いつも　せい服を　きています。
（せいふく　）

◆ 漢字(かんじ)を　書(か)きましょう　The West

① せいよう　（西洋　）　② とうよう　（東洋　）　Orient

③ ようがく　（洋　がく）　④ ようが　（洋画　）

⑤ せいふく　（せい服　）　⑥ ようふく　（洋服　）

⑦ わふく　（わ服　）　⑧ しふく　（私服　）

civilian clothes, plain clothes

衣　ころも／イ　6かく	衣	衣	衣	衣	衣	衣

短　みじか-い／タン　12かく	短	短	短	短	短	短

◆ 漢字(かんじ)を　読(よ)みましょう

① 衣食住は　人の　生かつに　ひつような　ものです。
（　　　　）（　　　）（　　　かつ）

② きなくなった　衣服を　リサイクルします。
（　　　　）

③ 10月の　はじめに　衣がえを　しました。
（じゅう　　　）　（　　　がえ）

④ きのうは　短い　時間でしたが　とても　たのしかったです。
（　　　い）（　　　）

⑤ 木村さんは　いい　人ですが　ちょっと　短気です。
（　　　）　（　　　）　（　　　）

◆ 漢字(かんじ)を　書(か)きましょう

① いしょくじゅう（　　　　）　② いふく（　　　　）

③ いりょうひん（　　　　）　④ ころもがえ（　　　がえ）

⑤ みじかい（　　　い）　⑥ たんき（　　　　）

⑦ たんしょ（　　　　）　⑧ ちょうたん（　　　　）

毛　け　モウ
4かく

糸　いと
6かく　＊

◆ 漢字(かんじ)を　読(よ)みましょう

① かみの毛を　短く　切りました。
（かみの　　）（　　く）（　　りました）

② まゆ毛を　きれいに　ととのえます。
（まゆ　　）

③ すみません。毛ふを　一まい　かしてください。
（　　ふ）（　　まい）

④ 毛糸で　ぼうしを　作っています。
（　　）（　　って）

⑤ 洋服に　糸くずが　ついていますよ。
（　　）（　　くず）

◆ 漢字(かんじ)を　書(か)きましょう

① かみのけ　（かみの　　）　② まつげ　（まつ　　）

③ まゆげ　（まゆ　　）　④ いぬのけ　（　　の　　）

⑤ ようもう　（よう　　）　⑥ もうふ　（　　ふ）

⑦ けいと　（　　）　⑧ はりといと　（　　）

玉　たま 5かく　＊	玉	玉	玉	玉	玉

光　ひか－る ひかり コウ 6かく	光	光	光	光	光

◆ 漢字を　読みましょう
かんじ　　よ

① 水玉もようの　ブラウスを　買いました。
（みずたま　もよう）　（かいました）

② 子どものころ　よく　お手玉で　あそびました。
（こども）　（おてだま）

③ ゆびわの　ダイヤモンドが　きらきら　光っています。
（ひかって）

④ たいようの　光から　電気を　作ります。
（ひかり）（でんき）（つくります）

⑤ 日光は　日本の　有名な　かん光地です。
（にっこう）（にほん）（ゆうめいな）（かんこうち）

◆ 漢字を　書きましょう
かんじ　　か

① みずたま　（水玉）　② じゅうえんだま（十円玉）

③ たまねぎ　（玉ねぎ）　④ ほしがひかる（光る）

⑤ 月のひかり　（光）　⑥ にっこう　（日光）
つき

⑦ でんこうけいじばん（電光　）　⑧ かんこう　（かん光）

ふくしゅう

【1】漢字(かんじ)を　読(よ)みましょう。

1. はりと　糸を　使(つか)って　ボタンを　つけます。
2. かれは　すぐに　おこる　短気な　人(ひと)です。
3. 衣がえを　して　クローゼットを　せいりしました。
4. 羊毛で　できた　コートは　あたたかいです。 (wool)
5. 電光けいじばんで　電車(でんしゃ)の　行(い)き先(さき)を　チェックします。
6. 友(とも)だちに　洋がくの　CDを　かりました。
7. おばあさんに　お手玉あそびを　おしえてもらいました。
8. 黒田(くろだ)か長(ちょう)は　私服も　おしゃれです。
9. プレゼントに　毛糸の　手(て)ぶくろを　もらいました。
10. 衣食住は　生(せい)かつの　き本(ほん)です。

1	いと
2	たいき　な
3	い　がえ
4	ようもう
5	でんこう
6	よう　がく
7	お てんたま
8	わふっく
9	けいいと
10	いしょくじゅう

【2】漢字(かんじ)を　書(か)きましょう。

1. ふゆ物(もの)の　新(あたら)しい　ようふくを　買(か)いました。
2. 今日(きょう)は　月(つき)が　明(あか)るく　ひかって　見(み)えます。
3. みずたまもようの　スカートを　はいています。
4. ひさしぶりに　かみを　みじかく　切(き)りました。
5. りかの　じゅぎょうで　ひかりの　速(そく)どを　ならいました。
6. 早川先生(はやかわせんせい)は　とうようしが　せん門(もん)です。
7. さむかったら　もうふを　かけてください。
8. いりょうひん売(う)り場(ば)は　二(に)かいと　三(さん)がいです。
9. まりえさんは　いつも　つけまつげを　しています。
10. 私(わたし)の　町(まち)には　かんこうちが　たくさん　あります。

1	洋服
2	光　って
3	氷玉
4	短　く
5	光
6	東洋　し
7	毛　ふ
8	衣料品
9	まつ毛
10	かん光地

4章(しょう)　アチーブメントテスト

【1】漢字(かんじ)を　読(よ)みましょう。

1. 夫は　やさしくて　おもしろい　人(ひと)です。
(おって)

2. 小学生(しょうがくせい)のとき　図画工作の　じゅぎょうが　一番(いちばん)　好(す)きでした。
(ずがこうさく)

3. つぎの　特急電車に　のりましょう。
(とっきょうでんしゃ)

4. 今日(きょう)の　夜(よる)　ようじが　あることを　思い出しました。
(おもいだしました)

5. せん門学校(もんがっこう)で　西洋料理を　学(まな)びました。
(せいようりょうり)

6. 子(こ)どもが　きられなくなった　衣服を　リサイクルします。
(いふく)

7. くうこうで　有名人を　見(み)ました。かっこよかったです。
(ゆうめいじん)

8. すみません。せ中(なか)に　糸くずが　ついていますよ。
(いとくず)

9. 月(つき)の　光で　夜道(よみち)が　明(あか)るく　見(み)えます。
(ひかり)

10. 1カ月(いっかげつ)の　水道(すいどう)料金は　だいたい三千円(さんぜんえん)です。
(りょうきん)

【2】漢字(かんじ)を　書(か)きましょう。

1. まいとし　(毎年)
2. しゅうきゅう　(週休)
3. まゆげ　(まゆ 毛)
4. けいかく　(けい 画)
5. ちず　(地図)
6. ふうふ　(夫 ふ)
7. こうりつ　(公立)
8. ようが　(洋画)
9. ようちえん　(ようち)
10. たんしょ　(短所)

【3】ぶんを　読んで　漢字を　読んだり　書いたりしましょう。

私は　四十さいの　会社いんです。　家族は　①妻と　男の子が　います。そして　②けが　白くて　長い　犬を　かっています。

妻は　しごとを　していますが　③まいにち　私と　子どもに　④りょうりを　作ってくれます。子どもは　小学四年生で　毎日　学校から　帰ると　犬と　⑤公園で　あそんでいます。

⑥せんしゅうの　土よう日は　私と　妻の　けっこんきねん日でした。子どもと　犬を　私の　親に　あずけて　妻と　デートを　しました。まず　私が　見たいと　⑦思っていた　⑧えいがを　見ました。大きい　⑨画めんで　見る　アクションえいがは　とても　おもしろかったです。それから　妻の　好きな　⑩がかの　⑪かい画てんを　見に　⑫びじゅつかんへ　行きました。

そのあと　デパートへ　買い物に　行きました。　⑬毛糸の　マフラーと　⑭水玉の　ネクタイを　買いました。子どもの　⑮ようふくも　見ましたが　⑯とくに　気に　入ったものが　なかったので　買いませんでした。かわりに　子どもの　おみやげに　⑰どう物図かんを　買いました。

夕はんは　ビルの　五十かいに　ある　⑱ゆうめいな　レストランで　食じを　しました。ここは　私が　妻に　プロポーズを　した　場所です。この日は　⑲特べつコースを　ちゅうもんしました。りょうりも　おいしかったし　けしきも　きれいでした。

⑳おもいでに　のこる　いい　1日でした。

① つま	② 毛	③ 毎日	④ 料理
⑤ こうえん	⑥ 先週	⑦ おもって	⑧ 映画
⑨ がめん	⑩ 画家	⑪ かいがてん	⑫ びじゅつ館
⑬ けいと	⑭ みずたま	⑮ 洋服	⑯ 特に
⑰ どうぶつかん	⑱ 有名な	⑲ とくべつ	⑳ 思い出

4章(しょう)　クイズ

【1】これは　何(なん)ですか。もんだいを　読(よ)んで　こたえを　漢字(かんじ)で　書(か)きましょう。

れい：ここは　いろいろな　のり物(もの)で　あそぶことができます。 → れい：ゆう園地

1. 知(し)らない　所(ところ)へ　行(い)くとき　これが　あると　便利(べんり)です。 → 地図

2. ここで　さんぽを　したり　スポーツを　したりできます。 → 公園

3. この人(ひと)の　しごとは　えを　かくことです。 → 画家

4. 大(おお)きい　がめんで　見(み)ます。
ラブストーリーやミステリー、アクションなどが　あります。 → 映画

5. ここで　本(ほん)を　かりたり　勉強(べんきょう)したりできます。 → 図書館

6. この人(ひと)は　物語(ものがたり)の　中(ちゅう)しんになる　人(ひと)です。 → 主人公

【2】□ に入(はい)る　漢字(かんじ)を　下(した)から　えらんで　書(か)きましょう。

店(てん)いん：はい、レストラン　ジョルダーノです。
男(おとこ)の人(ひと)：もしもし。せきの　よやくを　おねがいします。
店(てん)いん：かしこまりました。いつが　いいですか。
男(おとこ)の人(ひと)：11月(がつ)5日(いつか)　①[土]よう日(び)の　②[夜]7時(じ)から　おねがいします。
店(てん)いん：③[何][名][様]ですか。
男(おとこ)の人(ひと)：二名(にめい)です。この日(ひ)は　④[妻]と　私(わたし)の　けっこんきねん日(び)なんです。
おいわいを　したいんですが　コース⑤[料][理]が　ありますか。
店(てん)いん：はい。⑥[週]まつの　⑦[特]べつコースは　いかがですか。
男(おとこ)の人(ひと)：いいですね。そのコースで　おねがいします。
店(てん)いん：かしこまりました。

何	料	様	週	土	特	夜	妻

特集 -feature (eg. newspaper etc)

【3】①～⑥の　ことばの　読(よ)み方(かた)を　書(か)きましょう。

ARC magazine　12月号(がつごう)

～ クリスマス ①特しゅう ～

プレゼントは　②光る　ダイヤモンドの　ゆびわが　ほしい！

♡　クリスマスデート　♡

♡フォーマルな　③服で　コンサートへ

♡カジュアルな　④短い　コートで

⑤町を　さんぽ

♡メイクの　ポイントは　つけ⑥まつ毛

①	とく
②	ひか
③	ふっく
④	みじかい
⑤	まち
⑥	げ

【4】①～④の　文(ぶん)の　中(なか)に　まちがえている　漢字(かんじ)が　あります。まちがえている　漢字(かんじ)に　○を　つけて　（　　　）の　中(なか)に　ただしい　漢字(かんじ)を　書(か)きましょう。

インタビュー　～ いつもの　デート　どうしていますか？ ～

1. ▶ドライブが　好きなので　周まつは　かならず　車に　乗って　出かけます。
(26さい／女せい)

2. ▶いっしょに　昼ごはんを　食べて　町を　さんぽしたり　晩画を　見たりします。
(33さい／男せい)

3. ▶近所の　工園で　よく　イベントを　やっています。この間は　タイまつりでした。いろいろな　タイ料利を　たのしみました。
(30さい／女せい)

4. ▶図書飲で　かりた本を　カフェで　読んだり　DVDを　家で　見たりします。
(23さい／女せい)

1.（ 週 ）　2.（ 映画 ）　3.（ 公園 ）（ 料理 ）　4.（ 館 ）

まとめテスト１～４章(しょう)

【1】漢字(かんじ)を　読(よ)みましょう。

1. 来月(らいげつ) 友(とも)だちが　けっこんするので　パーティーを　<u>けい画</u>しました。
   （けいかく）
2. きれいな　<u>水玉</u>の　シャツが　マリさんに　よく　あっています。
   （みずたま）
3. ６月(がつ)の　はじめの　はれた　日(ひ)に　<u>衣がえ</u>を　します。
   （ころもがえ）
4. 田中(たなか)さんは　<u>早口</u>で　何(なに)を 言(い)っているか　わかりません。
   （はやくち）
5. 高校生(こうこうせい)に　なるまで　私(わたし)は　弟(おとうと)と　おなじ　<u>部屋</u>でした。
   （へや）
6. 近所(きんじょ)の　本屋(ほんや)で　女(じょ)せいに　人気(にんき)の　<u>作家</u>の　サイン会(かい)が　ありました。
   （さっか）
7. <u>住所</u>が　かわったので　友(とも)だちに　メールで　れんらくしました。
   （じゅうしょ）
8. わたしは　ベランダで　いろいろな　やさいを　<u>育てて</u>います。
   （そだてて）
9. 古(ふる)い　<u>洋服</u>を　リサイクルショップで　売(う)ったら　五千円(ごせんえん)に　なりました。
   （ようふく）
10. <u>終電</u>に　のれなかったので　あるいて　家(いえ)まで　帰(かえ)りました。
   （しゅうでん）

【2】漢字(かんじ)を　書(か)きましょう。

1. しんせつ　（親切）　2. おくじょう　（屋上）
3. にもつ　（荷物）　4. ごぜん　（午前）
5. ゆうめい　（有名）　6. りょうり　（料理）
7. かいわ　（会話）　8. ちず　（地図）
9. かぞく　（家族）　10. しまい　（姉妹）

【3】文(ぶん)を　読(よ)んで　漢字(かんじ)を　読(よ)んだり　書(か)いたりしましょう。

①姉の　けっこん

②せんしゅうの　日(にち)よう日(び)　母(はは)が　③急に「④お姉ちゃんの　けっこんが　きまったよ」と言(い)いました。母(はは)の　話(はなし)を　聞(き)いて　私(わたし)は　とても　びっくりしました。

ぎりの　⑤あにに　なる人(ひと)は　姉と　おなじ　⑥ぎんこうで　⑦働いている山川(やまかわ)さんと　いう　人(ひと)です。私(わたし)も　山川(やまかわ)さんの　⑧なまえは　しっていました。姉は山川(やまかわ)さんと⑨えいがを　見(み)に　行(い)ったり　⑩近くの　⑪こうえんを　二人(ふたり)で　さんぽするのが　楽(たの)しいと　よく　私(わたし)に　言(い)っていました。

けっこんしてから　姉⑫夫ふは　⑬北かい道に　ひっこします。山川(やまかわ)さんが北かい道に　ある　⑭してんに　てんきんする　からです。私(わたし)と　⑮りょう親が⑯すんでいる　⑰きょうとからは　とても　⑱遠いので　さびしいです。北かい道はさむいので　姉が　かぜを　ひかないように　⑲毛糸の　セーターを　あんであげようと　⑳おもっています。

① あね	② 先週	③ きゅう　に	④ お ねえ ちゃん
⑤ 兄	⑥ 銀行	⑦ はたらいて	⑧ 名前
⑨ 映画	⑩ ちか　く	⑪ 公園	⑫ ふうう　ふ
⑬ ほっかいどう	⑭ し店	⑮ りょうしん	⑯ 住　んで
⑰ 京都	⑱ とお　い	⑲ けいと	⑳ 思　って

5章(しょう)
町(まち)

1　駅(えき)

通学(つうがく)や　通(つう)きんで　電車(でんしゃ)を　使(つか)っていますか。
駅(えき)や　電車(でんしゃ)の　ことばが　わかれば　今(いま)より　もっと　いろいろな　所(ところ)に
行(い)けるように　なります。

駅	鉄	乗	降	開	閉	発	着

駅　エキ	駅					
14かく	1 2 3	4 5 6	7 8 9 10	11 12	13	14

鉄　テツ	鉄					
13かく	1 2 3 4	5 6 7	8	9 10	11 12	13

◆ 漢字(かんじ)を　読(よ)みましょう

① 地下鉄の　駅の　ホームで　友だちに　会いました。
（　　　）（　　）　（　　だち）（　いました）

② 鉄道は　ひ行きより　時間が　かかりますが　料金は　安いです。
（　　　）（ひ　　き）（　　　）　（　　　）（　い）

③ 毎朝　鉄分の　多い　食品を　食べるようにしています。
（　　　）（　　　）（　　い）（　　　）（　べる）

④ 7時に　駅の　西口にある　カフェで　会いましょう。
（しち　）（　　）（　　　）　（　いましょう）

⑤ 私の　家は　駅から　あるいて　15分くらいの　所に　あります。
（　　　）（　　）（　　）（じゅうご　　）（　　　）

◆ 漢字(かんじ)を　書(か)きましょう

① てつ　（　　　）　② ちかてつ　（　　　）

③ てつぶん　（　　　）　④ てつどう　（　　　）

⑤ えき　（　　　）　⑥ えきいん　（　　いん）

⑦ えきちょう　（　　　）　⑧ ふたつめのえき（　　　）

乗　の-る　の-せる　ジョウ　9かく	乗	乗	乗	乗	乗

降　お-りる　お-ろす　ふ-る　コウ　10かく	降	降	降	降	降

to come down / to go down / to descend (a mountain)

◆ 漢字(かんじ)を　読(よ)みましょう

① ねぼうして　いつも　乗る　電車に　乗り遅れてしまいました。
（のる）（でんしゃ）（のりおそれて）

② 車に　子どもを　乗せるときは　チャイルドシートが　いります。
（くるま）（こども）（のせる）

③ 乗車される　お客様、足元に　お気をつけください。
（じょうしゃ）（きゃくさま）（あしもと）（き）

④ バスを　降りて　右に　まがると　駅があります。
（おりて）（みぎ）（えき）

⑤ 6月は　雨が　たくさん　降ります。
（ろくがつ）（あめ）（おります）

◆ 漢字(かんじ)を　書(か)きましょう

① タクシーにのる（乗　る）

② 荷物(にもつ)をのせる（乗　せる）

③ タクシーのりば（乗り場）

④ じょうきゃく（乗客）

⑤ 電車(でんしゃ)をおりる（降　りる）

⑥ 荷物(にもつ)をおろす（降　ろす）

⑦ 雨(あめ)がふる（降　る）

⑧ こうしゃぐち（降車口）

出口 ↓ exit

開　あ－く　あ－ける　ひら－く　カイ　12かく　＊	開　開　開　開　開　開
	1 2 3　4 5 6　7 8　9 10　11　12

閉　し－まる　し－める　と－じる　ヘイ　11かく　＊	閉　閉　閉　閉　閉　閉
	1 2 3　4 5 6　7 8　9　10　11

◆ 漢字を　読みましょう

①出入り口の　マットの　上に　乗ると　ドアが　左右に　開きます。
（でいりぐち）　（うえ　）（の　る）（さゆう）（あきます）

②あついですね。　まどを　少し　開けてもいいですか。
（すこし）（あけても）

③さくらの　開花は　だいたい　3月から　4月ぐらいです。
（かいか）　（さんがつ）（しがつ）

④雨が　降ってきたので　そこの　まどを　閉めてくれませんか。
（あめ）（ふって）　（しめて）

⑤ドアが　閉まります。荷物や　体が　はさまれないよう　お気をつけください。
（しまります）（にもつ）（からだ）　（き）

挟まる to get between / to be caught in

◆ 漢字を　書きましょう

①ドアがあく　（開　く）　②店をひらく　（開　く）

③ドアのかいへい　（開閉　）　④かいえん　（開園　）

⑤映画のこうかい　（公開　）　⑥かいじょう時間（開場　）

⑦本をとじる　（閉　じる）　⑧へいてんセール（閉店　）

opening (the doors to an event, etc)

発　ハツ ホツ　9かく	発	発	発	発	発	発

着　き-る つ-く チャク　12かく　＊	着	着	着	着	着	着

◆ 漢字(かんじ)を　読(よ)みましょう

① 始発の　新かんせんに　乗って　京都へ　行きました。
（しはつ）（しんかんせん）（のって）（きょうと）（いきました）

② いなくなった子ねこが　6日ぶりに　発見されました。
（こねこ）（むいか）（はっけん）

③ 出発の　2時間前に　チェックインを　すませてください。
（しゅっぱつ）（にじかんまえ）

④ 駅に　着いたら　電話してください。むかえに　行きます。
（えき）（ついたら）（でんわ）（いきます）

⑤ ゆきが　降った　えいきょうで　とう着が　3時間も　遅れました。
（ふった）（とうちゃく）（さんじかん）（おくれました）

◆ 漢字(かんじ)を　書(か)きましょう

① はつめい　（発明）　② かいはつ　（開発）

③ はつおん　（発音）　④ ほっそく　（発足）

⑤ シャツをきる　（着　る）　⑥ きもの　（着物）

⑦ ちゃくち　（着地）　⑧ いっちゃく　（一着）

◆ 特(とく)べつな　ことば

上着(うわぎ)　下着(したぎ)

ふくしゅう

【1】漢字(かんじ)を　読(よ)みましょう。

1. 明日(あした)　始発の　電車(でんしゃ)に　乗(の)るので　今日(きょう)は　早(はや)く　ねます。
2. 雨(あめ)が　降ったら　バーベキューは　えんきです。
3. 日本(にほん)に　いる間(あいだ)に　着物を　ぜひ　着(き)たいです。
4. 閉店セールの　お店(みせ)で　たくさん　買(か)い物(もの)を　しました。
5. 駅(えき)に　着いたら　電話(でんわ)を　ください。むかえに　行(い)きます。
6. きょうか書(しょ)の　53ページを　開いてください。
7. すみません。タクシー乗り場は　どこですか。
8. ちょっと　さむいので　まどを　閉めてくれませんか。
9. デパートで　新(あたら)しい　上着を　買(か)いました。
10. 私(わたし)は　毎日(まいにち)　地下鉄で　学校(がっこう)に　行(い)きます。

1	しはつ
2	ふ　ったら
3	きもの
4	へいてん
5	つ　いたら
6	あ　いて
7	のりば
8	し　めて
9	うわぎ
10	ちかてつ

【2】漢字(かんじ)を　書(か)きましょう。

1. あの白(しろ)い　セーターを　きている人(ひと)は　だれですか。
2. えきまえの　カフェで　友(とも)だちと　会(あ)います。
3. 電車(でんしゃ)が　とうちゃくします。白(はく)せんまで　下(さ)がってください。
4. ねぼうして　会社(かいしゃ)に　ちこくしました。
5. ３日間(みっかかん)　まいごだった　犬(いぬ)が　今日(きょう)　はっけんされました。
6. あついですね。まどを　少(すこ)し　あけてもいいですか。
7. バスを　おりるときは　ボタンを　おしてください。
8. じこが　ありましたが　じょうきゃくは　みんな　ぶじでした。
9. 動物園(どうぶつえん)の　かいえん時間(じかん)は　10時(じ)です。
10. みなさん　あつまりましたね。では、しゅっぱつしましょう。

1	着　ている
2	駅前
3	とう着
4	遅　こく
5	発見
6	開　けても
7	降　りる
8	乗客
9	開園
10	出発

5章 町

2 交さてん

町の　中に　ある　交さてんは　車や　人　じてん車などが
たくさん　通ります。
交さてんでは　しん号を　よく見て　安ぜんに　わたりましょう。

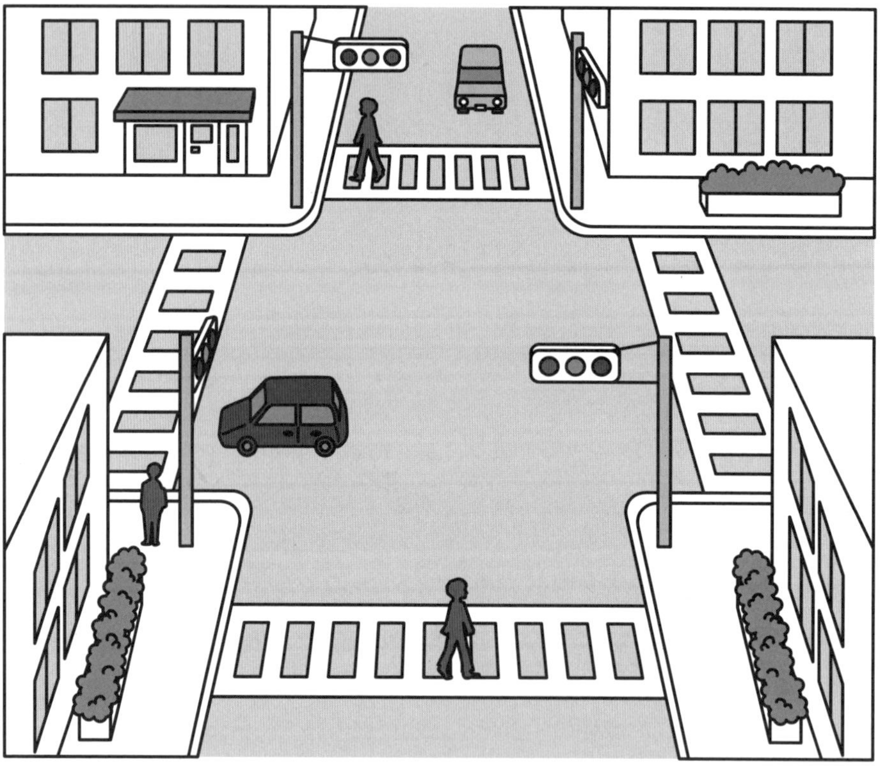

交	通	台	止	色	赤	黄	青

交 まじ-わる / まじ-える / ま-じる / ま-ざる / ま-ぜる / コウ　6かく ＊	交	交	交	交	交
1	2	3	4	5	6 交

通 とお-る / かよ-う / ツウ　10かく ＊	通	通	通	通	通
1 2 3	4 5	6	7 8	9	10 通

◆ 漢字(かんじ)を　読(よ)みましょう

① 社長の　スピーチは　ユーモアを　交えていて　とても　おもしろかったです。
(　　　　)　(　　えて)

② A4の　紙の　中に　一まいだけ　B5が　交ざっていました。
(　　)(　　)(　　まい)(　　ざって)

③ 竹中先生は　子どもたちに　交じって　あそんでいます。
(　　　　)(　　ども)(　　じって)

④ 毎日　30分　あるいて　学校に　通っています。
(　　　)(　　)　(　　　)(　　って)

⑤ 私が　住んでいる　町は　交通が　とても　便利で　住みやすいです。
(　　)(　　んでいる)(　　)(　　　)(　　　)(　　みやすい)

◆ 漢字(かんじ)を　書(か)きましょう

① 道(みち)がまじわる(　　　わる)　② トランプをまぜる(　　ぜる)

③ こうさてん(　　　さてん)　④ こうりゅう(　　りゅう)

⑤ 車(くるま)がとおる(　　　る)　⑥ おおどおり(　　　り)

⑦ つうきん・つうがく(　　きん・　　)　⑧ いっぽうつうこう(　　　　)

台 ダイ タイ 5かく	台	台	台	台	台	台
	1	2	3	4	5	

pedestal, stand

止 と-まる と-める シ 4かく	止	止	止	止	止	止
	1	2	3	4		

◆ 漢字(かんじ)を　読(よ)みましょう

① 台所で　母が　朝食を　作っています。
（だいどころ）（はは）（ちょうしょく）（つくって）

② 妹は　足が　速く　100メートルを　12びょう台で　はしりました。
（いもとう）（あし）（はやく）（たい）

③ 駅前に　タクシーが　何台も　止まっています。
（えきまえ）（なんだい）（とまって）

④ 地しんで　電気　水道　ガス　すべてが　止まってしまいました。
（じしん）（でんき）（すいどう）（とまって）

⑤ もし　雨が　降ったら　明日の　キャンプは　中止です。
（あめ）（ふったら）（あした）（ちゅうし）

◆ 漢字(かんじ)を　書(か)きましょう

elevation, high ground

① バスがさんだい（三台）

② だいどころ（台所）

③ トラックのにだい（二台）

④ たかだい（高台）

⑤ たいふう（台　ふう）

⑥ 急(きゅう)にとまる（止　まる）

⑦ 車(くるま)をとめる（止　める）

⑧ きんし（きん止）

色　いろ　ショク ６かく　＊	色	色	色	色	色	色
	⺈ 1	⺈ 2	⺈ 3	4	5	6 色

赤　あか－い　あか　セキ ７かく　＊	赤	赤	赤	赤	赤	赤
	1 2	3	4	5	6	赤 7

◆ 漢字(かんじ)を　読(よ)みましょう

① かお色が　あまり　よくないですね。
（かお いろ）

② 私は　はっきりした　色の　洋服を　よく　着ます。
（わたし）　（いろ）（ようふく）（き ます）

③ 二十四色セットの　えのぐを　もらいました。
（にじゅうよんしょく）

④ 赤い　セーターを　着ているのは　だれですか。
（あか い）　（き ている）

⑤ しん号が　赤のときは　かならず　止まってください。
（しんごう）（あか）　（と まって）

◆ 漢字(かんじ)を　書(か)きましょう

① なないろ（七色）　② いろがみ（色紙）

③ とくしょく（特色）　④ あかいかお（赤 い）

⑤ あかペン（赤 ペン）　⑥ あか（赤）

⑦ せきどう（赤道）　⑧ せきはん（赤 はん）

the equator

黄　き　オウ 11かく　＊	黄	黄	黄	黄	黄	黄

青　あお－い　あお　セイ ８かく　＊	青	青	青	青	青	青

◆ 漢字(かんじ)を　読(よ)みましょう

① 黄色の　かさは　雨が　降っても　目立ちます。
（　　　）　（　　　）（　　っても）（　　ちます）

② タンポポは　黄色くて　かわいい　花です。
（　　　くて）　（　　　）

③ 青い　そらに　白いくもが　うかんでいます。
（　　い）（　　い）

④ しん号が　青になったら　わたりましょう。
（しん　　）（　　）

⑤ 一人の　青年が　電車で　お年よりに　せきを　ゆずりました。
（　　　）（　　　）（　　　）（お　　より）

◆ 漢字(かんじ)を　書(か)きましょう

① きいろ　（　　　　）　② おうごん　（　　　　）

③ らんおう　（らん　　　）　④ あおいうみ　（　　　い）

⑤ あおしんごう　（　　しん　　）　⑥ あおぞら　（　　ぞら）

⑦ せいねん　（　　　　）　⑧ せいしゅん　（　　しゅん）

ふくしゅう

【1】漢字(かんじ)を　読(よ)みましょう。

1. この道(みち)は　一方通行です。
2. 赤道に　近(ちか)い　くには　あついです。
3. 先生(せんせい)は　じょうだんを　交えた　話(はなし)が　上手(じょうず)です。
4. 台所で　食(しょく)じの　じゅんびを　します。
5. サッカーの　しあいは　雨天(うてん)のため　中止になりました。
6. 三(さん)こ分(ぶん)の　らん黄を　ボールに　入(い)れてください。
7. この道(みち)は　車(くるま)が　たくさん　通るので　気(き)をつけてください。
8. かお色が　あまり　よくないですね。だいじょうぶですか。
9. 交さてんでは　左右(さゆう)を　よく　見(み)て　わたってください。
10. 一人(ひとり)の　青年が　日本(にほん)への　りゅう学(がく)を　きめました。

1	いっぽうつうこう
2	赤道
3	まじ　えた
4	だいところ
5	ちゅうし
6	らん　おう
7	とお　る
8	かお　いろ
9	こう　さてん
10	せいねん

【2】漢字(かんじ)を　書(か)きましょう。

1. 私(わたし)は　東京(とうきょう)にある　大学(だいがく)に　かよっています。
2. きいろい　かさは　雨(あめ)の日(ひ)も　はっきり　わかります。
3. 今年(ことし)は　日本(にほん)に　来(く)る　たいふうが　多(おお)いですね。
4. プリントの　中(なか)に　メモが　まざっていましたよ。
5. 今日(きょう)は　よく　はれて　そらが　とても　あおいです。
6. くにが　ちがうと　こうつうルールも　ちがいます。
7. 今(いま)　人気(にんき)の　ちゃいろい　ブーツを　買(か)おうと　思(おも)います。
8. 家(いえ)の　前(まえ)に　見(み)たことがない　車(くるま)が　とまっています。
9. ポストを　見(み)たら　手紙(てがみ)が　につう　入(はい)っていました。
10. おおどおりに　出(で)たら　右(みぎ)に　まがってください。

1	通　って
2	黄色　い
3	台　ふう
4	交　ざって
5	青　い
6	交通
7	一　茶色　い
8	止　まって
9	二週
10	大通　り

5章(しょう)
町(まち)

3　病院(びょういん)

かぜの　ときや　けがを　したとき　病院(びょういん)へ　行(い)きます。
病院(びょういん)の　ことばを　おぼえたら　安心(あんしん)して　行(い)けますね。

病	院	医	科	薬	待	合	計

病 ビョウ 10かく　＊	病	病	病	病	病	病
	广	疒	疒	疔	病	病
院 イン (insitution) 10かく	院	院	院	院	院	院
	⻖	阝	阝'	院	院	院

◆ 漢字(かんじ)を　読(よ)みましょう

① 病気に　ならないように　いつも　食べ物に　気をつけています。
(びょういん)　(たべもの)(き)

② 近所の　病院へ　行ったら　しんさつ時間が　午前だけでした。
(きんじょ)(びょういん)(いったら)(じかん)(ごぜん)

③ 1週間　入院しましたが　明日　たい院できることになりました。
(いっしゅうかん)(にゅういん)(あした)(たいいん)

④ 大学を　そつぎょうしたら　大学院で　けんきゅうしたいと　思います。
(だいがく)　(だいがくいん)　(おもいます)

⑤ 姉は　毎月　びよう院に　行きます。
(あね)(まいげつ)(びよういん)(いきます)

◆ 漢字(かんじ)を　書(か)きましょう

① びょうき　(病気)　② びょういん　(病院)

③ にゅういん　(入院)　④ たいいん　(たい院)

⑤ いんちょう　(院長)　⑥ つういん　(通院)

⑦ だいがくいんせい　(大学院生)　⑧ じいん　(寺院)

director　temple　going to the hospital for regular treatment

医　イ 7かく	医	医	医	医	医	医
	一	ア	𠂉	医	医	医

科　カ 9かく	科	科	科	科	科	科
	千	禾	禾	禾	科	科

◆ 漢字を　読みましょう

① 子どものころから　医しゃになるのが　ゆめでした。
（こ　ども）　（い　しゃ）

② 兄は　今　医学部の　六年生です。
（あに）（いま）（いがくぶ）（ろくねんせい）

③ 田中医院の　院長は　うでがよく　名医と　言われています。
（たなかいいん）（いんちょう）（めいい）（い　われて）

④ 科学の　発てんが　私たちの　生かつを　作っています。
（かがく）（はってん）（わたしたち）（せいかつ）（つくって）

⑤ あなたが　行きたい　大学の　学部と　学科名を　おしえてください。
（い　きたい）（だいがく）（がくぶ）（がっかめい）

◆ 漢字を　書きましょう

① いしゃ　（医　しゃ）
② いがく　（医学）
③ かもく　（科目）
④ りか　（理科）
⑤ かがく　（科学）
⑥ がっか　（学科）
⑦ ないか　（内科）
⑧ げか　（外科）

薬　ぐすり　ヤク 16かく	薬
待　ま-つ　タイ 9かく	待

◆ 漢字（かんじ）を　読（よ）みましょう

① 食後に　この薬を　飲んでください。
（　　　）（　　　）（　　んで）

② 朝から　のどが　いたかったので　急いで　かぜ薬を　飲みました。
（　　　）　（　　いで）（かぜ　　　）（　　みました）

③ 1時間も　待っているのに　かれが　来ません。
（いち　　　）（　　っている）　（　　ません）

④ 人気のある　レストランに　入るのに　3時間も　待ちました。
（　　　）　（　　る）（さん　　　）（　　ちました）

⑤ かれは　社内で　一番　き待されている　人です。
（　　　）（　　　）（き　　　）（　　　）

◆ 漢字（かんじ）を　書（か）きましょう

① くすりを飲（の）む　（　　　　）　② かぜぐすり　（かぜ　　　）

③ やっきょく　（　　　きょく）　④ ずつうやく　（ずつう　　　）

⑤ めぐすり　（　　　　）　⑥ バスをまつ　（　　　つ）

⑦ まちじかん　（　　　　）　⑧ きたい　（き　　　）

合	あ－う あ－わす あ－わせる ゴウ ガッ	合	合	合	合	合	合
6かく	＊	ノ	𠆢	𠆢	合	合	合

計	はか－る ケイ (to measure (temperature))	計	計	計	計	計	計
9かく	＊	二	三	言	言	訁	計

◆ 漢字(かんじ)を　読(よ)みましょう

① 私と　上田さんは　はじめて　会ったときから　気が　合いました。
（わたし）（うえだ）　（あった）　（き）（あいました）

② クラスみんなで　力を　合わせて　がんばりましょう。
（ちから）（あわせて）

③ 明日は　10時に　駅の　東口に　しゅう合してください。　→ 集合 assembly
（あした）（じゅうじ）（えき）（ひがしぐち）（しゅうごう）

④ テストは　30分です。今から　時間を　計ります。では、始めてください。
（さんじっぷん）（いま）（じかん）（はかります）（はじめて）

⑤ 休みに　家族と　りょ行に　行く　計画を　立てます。　← plan, project, schedule
（やすみ）（かぞく）（りょこう）（いく）（けいかく）（たってます）

◆ 漢字(かんじ)を　書(か)きましょう

① 気があう　（合う）
② こたえあわせ　（こたえ合わせ）
③ ごうかく　（合かく）　合格 success, passing (exam etc)
④ まちあいしつ　（待合室）　waiting room
⑤ かいけい　（会計）　account, finance, accountant
⑥ ごうけい　（合計）　sum total, total amount
⑦ けいさん　（計さん）　calculation, count, reckoning, forecast
⑧ とけい　（時計）

ふくしゅう

【１】漢字(かんじ)を　読(よ)みましょう。

1. 音(おん)がくに　合わせて　体(からだ)を　うごかします。
2. 私(わたし)の　兄(あに)は　今(いま)　医学部の　四年生(よねんせい)です。
3. 友(とも)だちと　りょ行(こう)の　計画を　立(た)てました。
4. 病気のとき　友(とも)だちが　スープを　作(つく)ってくれました。
5. １週間(しゅうかん)に　六科目の　じゅぎょうを　とっています。
6. すみません。会計を　おねがいします。
7. のどが　いたいので　薬きょくで　のどあめを　買(か)いました。
8. 私(わたし)は　大学院に　行(い)こうと　思(おも)って　日本(にほん)へ　来(き)ました。
9. 50メートルを　何秒(なんびょう)で　はしるか　タイムを　計ります。
10. 今日(きょう)の　テストは　いい　けっかが　き待できます。

1	あ　わせて
2	いがくぶ
3	けいかく
4	びょうき
5	ろっかもく
6	かいけい
7	やっ　きょく
8	だいがくいん
9	はかります
10	き　けい

【２】漢字(かんじ)を　書(か)きましょう。

1. あたまが　いたいので　くすりを　もらえませんか。
2. 山下(やました)さんと　広川(ひろかわ)さんは　気(き)が　あう　友(とも)だちです。
3. 子(こ)どものころから　いしゃになるのが　ゆめでした。
4. けがを　したので　げかに　行(い)きました。
5. ごうけいで　三万二千円(さんまんにせんえん)です。
6. 友(とも)だちの　お見(み)まいに　びょういんへ　行(い)きます。
7. あのとけいは　こわれています。
8. ２時間(じかん)　まちましたが　れんらくが　ないので　帰(かえ)りました。
9. あなたが　学(まな)びたい　がっかは　何(なん)ですか。
10. みなさん、しゅくだいの　こたえあわせを　しましょう。

1	薬
2	合　う
3	医　しゃ
4	外科
5	合計
6	病院
7	時計
8	待　ちました
9	学科
10	こたえ　合　わせ

５章(しょう)　アチーブメントテスト

【１】漢字(かんじ)を　読(よ)みましょう。

1. こちらは　じ動(どう)ドアではありません。手(て)で　<u>開けて</u>ください。
（あ　けて）

2. ぐあいが　わるいですか。<u>かお色</u>が　よくないですよ。
（かお いろ）

3. <u>駅いん</u>に　デパートに　近(ちか)い　出口(でぐち)を　聞(き)きました。
（えき　いん）

4. 名前(なまえ)が　よばれるまで　こちらで　しばらく　お<u>待ち</u>ください。
（ま　ち）

5. 三番(さんばん)せんの　電車(でんしゃ)に　<u>乗って</u>ください。
（の　って）

6. <u>台ふう</u>が　近(ちか)づいています。今日(きょう)は　外(そと)に　出(で)ないでください。
（たい　ふう）

7. 私(わたし)の　プリントの中(なか)に　あなたのが　<u>交ざって</u>いました。
（ま　ざって）

8. 電車(でんしゃ)を　<u>降りる</u>ときは　足元(あしもと)に　気(き)をつけてください。
（お　りる）

9. <u>入院</u>している　友(とも)だちの　お見(み)まいに　行(い)きます。
（にゅういん　）

10. 外(そと)の　音(おと)が　うるさいので　まどを　<u>閉めても</u>いいですか。
（し　めても）

【２】漢字(かんじ)を　書(か)きましょう。

1. じょうしゃ　（乗車）　　2. ごうけい　（合計）

3. かいえん　（開園）　　4. かぜ<u>ぐすり</u>　（薬）

5. 学校(がっこう)に<u>つく</u>　（着　く）　　6. けいかく　（計画）

7. こうりゅう　（交　りゅう）　　8. かもく　（科目）

9. あかいはな　（赤　い　花）　　10. せいねん　（青　年）

【3】ぶんを　読んで　漢字を　読んだり　書いたりしましょう。

私が　住んでいる所は　新しい町です。前は　森や山でしたが　①開発して　町になりました。

町の　人の　②こうつうの　しゅだんは　③ちかてつです。ちかてつは　何本も④通っています。町には　⑤えきが　たくさん　あります。どのえきにも　近くにタクシーや　バスの　⑥乗り場が　作られているので　とても　便利です。

ちかてつの　⑦乗客は　通きん、⑧つうがくの　人が　ほとんどです。私の　家の近くに　ある　えきは　急行も　⑨止まるし　⑩始発の　電車も　あります。終てんのえきなので　電車が　えきに　⑪着いて　ドアが　⑫あくと　人が　たくさん⑬降りてきます。

町の　中しんには　⑭大通りがあります。大通りには　デパートや　銀行、⑮びょういんや　コンビニなど　町の　人に　ひつような　ものが　だいたい　あります。大通りに　ある　木は　あきになると　はっぱが　赤や　⑯きいろになって　とてもきれいです。

大通りにある　⑰交さてんには　大きな　⑱とけいだいが　あります。町のシンボルで　よく　⑲まちあわせに　使われています。

さい近　とけいだいの　近くに　新しい　レストランが　できました。いつも⑳かいてん前から　たくさんの　人が　ならんでいます。今　町で　一番　人気のスポットです。

① かいはつ	② 交通	③ 地下鉄	④ とおって
⑤ 駅	⑥ のりば	⑦ じょうきゃく	⑧ 通学
⑨ とまる	⑩ しはつ	⑪ ついて	⑫ 開く
⑬ おりて	⑭ おおどおり	⑮ 病院	⑯ 黄色
⑰ こうさてん	⑱ 時計台	⑲ 待ち合わせ	⑳ 開店前

5章(しょう)　クイズ

【1】何色(なにいろ)ですか。色(いろ)の　漢字(かんじ)を　書(か)きましょう。

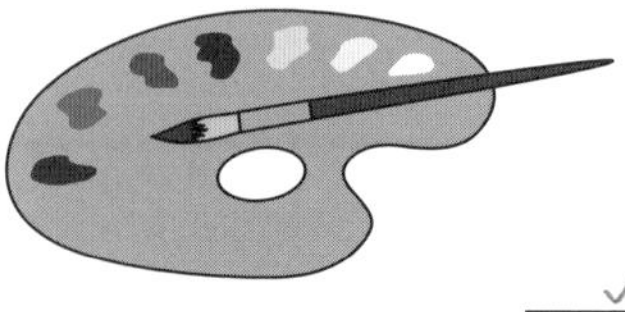

（れい）はれたそら／うみ　→　青

1．りんご／ポスト／ワイン　→　赤 ✓

2．バナナ／ひまわり／レモン　→　黄 ✓

3．くも／ゆき／しお　→　白 ✓

4．コーヒー／土(つち)／チョコレート　→　茶 ✓

5．森(もり)／日本茶(にほんちゃ)／竹(たけ)　→　緑 ✓

6．しまうま（zebra）　→　白・黒 ✓

7．しんごう（信号）　→　赤・黄・青

【2】あなたは　今(いま)　病院(びょういん)の　うけつけで　話(はな)しています。漢字(かんじ)の　読(よ)み方(かた)を書(か)きましょう。

1．

あのう、2～3日前(にちまえ)から
おなかがいたいんです。

では、内科(internal medicine)へ　どうぞ。
①（ないか）✓

2．

すみません。はじめて
こちらの　病院に　来(き)たんですが…。
②（びょういん）✓

では、こちらの
待合しつで　少(すこ)し
③（まちあいしつ）✓
お待(ま)ちください。

3．

本日(ほんじつ)の　しんさつ（medical examination／consultation）の　お会計は　1500円(えん)です。
④（お ~~ごうけい~~ ✗）かいけい

薬の　うけとりは　あちらの　薬きょくです。
⑤（くすり）✓　　⑥（~~や~~っきょく）✓

はい、
わかりました。

【3】駅(えき)いんの　アナウンスの　ことばを　漢字(かんじ)で　書(か)きましょう。

1．名古屋(なごや)行きの　新(しん)かんせんが　ホームに　入(はい)ります。

「お[待]①ちの　お客(きゃく)[様]②は　ホームの[内]③がわに　お[下]④がりください。」

2．二番(にばん)せんを　急行電車(きゅうこうでんしゃ)が　通(とお)ります。

「今(こん)どの　二番(にばん)せんの　電車(でんしゃ)は　この[駅]①には　[止]②まりません。」

3．電車(でんしゃ)の　ドアが　開(ひら)きます。

「お[降]①りになる　お客(きゃく)[様]②は　足(あし)[元]③に　お[気]④を　つけください。」

4．一番(いちばん)せんの　電車(でんしゃ)は　もうすぐ　出発(しゅっぱつ)します。

「ドアが[閉]①まります。あぶないですから、かけこみ[乗]②車(しゃ)は　おやめください。」

閉	待	内	駅	様	止	乗	下	降	元	様	気

【4】町(まち)の　あん内(ない)です。漢字(かんじ)を　かんせいさせましょう。

～ 白山町(しろやままち)の　ごあん内(ない) ～

東京(とうきょう)[駅]①から　乗(の)りかえなしで　たったの40分(ぷん)([急]②行)！！

[緑]③が　多(おお)くて　[静]④かです。[住]⑤むのに　とても　いい[所]⑥です。

1900年(ねん)に　作(つく)られた[時]⑦[計]⑧[台]⑨が　町(まち)の　シンボルです。

町(まち)の　中(ちゅう)しんにある　白山(しろやま)[公]⑩[園]⑪は　町(まち)で　一[番]⑫　古(ふる)く、

1年中(ねんじゅう)　いろいろな　花(はな)が　見(み)られることで　有名(ゆうめい)です。

町(まち)から　車(くるま)で　10分(ぷん)のところに　東京(とうきょう)タワーと　高(たか)さが

だいたい　おなじの　赤山(あかやま)が　あります。

山(やま)の　上(うえ)から　見(み)る　町(まち)の　けしきは　とても　すばらしいですよ。

ご[家]⑬[族]⑭みなさんで　ぜひ　あそびに　来(き)てください。お[待]⑮ちしています！

6章 学生

1 研究

大学や　大学院では　じ分の　きょうみのある　ことについて
学んだり　研究したり　できます。
語学や　文学、心理学、化学など　いろいろ　あります。

研 究 語 文 英 化 数 心

polish, study of, sharpen

研　ケン

９かく　＊

研　研　研　研　研　研

research, study

究　キュウ

７かく　＊

究　究　究　究　究　究

◆ 漢字(かんじ)を　読(よ)みましょう

training, induction course

① 入社してから　社いん研しゅうを　うけました。

(しゅうしゃ)　(しゃ　いん　けん　しゅう)

development, explanation

② 大学院では　薬の　開発の　研究を　したいです。

(だいがくいん)(くすり　)(かいはつ)(けんきゅう)

③ なつ休みの　じゆう研究で　川に　すむ　生き物を　しらべました。

(なつやすみ)(じゆうけんきゅう　)(かわ)(いきもの)

④ A 大学では　わかい研究しゃが　かつやくしています。

(A だいがく　)　(けんきゅう　しゃ)

⑤ 研究会に　さんかしました。

(けんきゅうかい)

◆ 漢字(かんじ)を　書(か)きましょう

① けんしゅう　(研　しゅう)　② けんきゅう　(研究　)

③ けんきゅうしゃ (研究　しゃ)　④ けんきゅうかい (研究会　)

⑤ けんきゅうじょ (研究書　)　⑥ じゆうけんきゅう (じゆう研究)

⑦ けんきゅうけいかくしょ　(研究計画書　)

Research Plan

語　かた－る　ゴ	語	語	語	語	語	語
14かく　＊	言	言	訂	語	語	語

文　ブン　モン	文	文	文	文	文	文
4かく　＊	丶	亠	ナ	文		

◆ 漢字を　読みましょう

① ケンさんが　サッカーの　おもしろさを　語ってくれました。
（　　　って）

② 半年前から　日本語の　べんきょうを　始めました。
（はんねんまえ　）（にほんご　）　（はじめました）

③ 大学の　文学部に　入りたいです。
（だいがく）（ぶんがくぶ）（　　りたい）

④ しょう来を　テーマに　作文を　書きました。
（しょうらい　）（さくぶん　）（かきました）

⑤ すみません。ちゅう文してもいいですか。
（ちゅうもん　）

◆ 漢字を　書きましょう

① ゆめをかたる（語　　る）　② ごがく（語学　）

③ にほんご（日本語　）　④ イタリアご（イタリア語　）

⑤ たんご（たん語　）　⑥ さくぶん（作文　）

⑦ ぶんがくぶ（文学部　）　⑧ ちゅうもん（ちゅう文　）

◆ 特べつな　ことば

物語（ものがたり）

英　エイ ８かく	英	英	英	英	英	英
	艹	艹	芇	苎	英	英

化　カ ケ ４かく　＊ change, take the form of, influence	化	化	化	化	化	化
	ノ	イ	イ	化		

◆ 漢字を　読みましょう

① カンさんは　母語のほかに　英語と　フランス語が　話せます。
（ぼご）（えいご）（フランスご）（はなせます）

② 英国とは　イギリスのことです。
（えいこく）

③ 理科の　中でも　特に　化学が　好きです。（science）
（りか）（なか）（とくに）（かがく）（すき）

④ 私は　日本の　文化に　きょうみが　あります。
（わたし）（にほん）（ぶんか）

⑤ デパートの　化しょう品売り場で　口べにを　買いました。（lipstick）
（けしょうひんうりば）（くちべに）（かいました）

◆ 漢字を　書きましょう

① えいさい（英　さい）　② えいご（英語）

③ ぶんか（文化）　④ かがく（化学）

⑤ かせき（化石）（fossil）　⑥ へんか（へん　）

⑦ けしょう（化　しょう）　⑧ けしょうひん（化　しょう品）

数　かぞ-える　かず　スウ　13かく　＊ (to count, to enumerate)	数	数	数	数	数
心　こころ　シン　4かく	心	心	心	心	心

◆ 漢字を　読みましょう

（かんじ）（よ）

① バスに　乗っている　学生の　人数を　数えます。
（の　って）（がくせい）（にんずい）（かぞ　えます）

② 学生のときから　数学が　にが手でした。
（がくせい）（おうがく）（にがて　）

③ 母から　心の　こもった　プレゼントを　もらいました。
（はは）（こころ　）

④ 私は　元気なので　心ぱいしないでください。
（わたし　）（げんき）（しん　ぱい）

⑤ 心理学に　きょうみが　あります。 (psychology)
（しんりがく　）

◆ 漢字を　書きましょう

（かんじ）（か）

① かず　（数　）　② かぞえる　（数　える）

③ すうがく　（数学　）　④ すうじ　（　）

⑤ すうにん　（数人　）　⑥ こころ　（心　）

⑦ あんしん　（安心　）　⑧ ちゅうしん　（中心　）

ふくしゅう

【1】漢字(かんじ)を　読(よ)みましょう。

1. 元気(げんき)な　声(こえ)を　聞(き)いて　安心しました。
2. ノートに　たん語を　書(か)いて　おぼえます。
3. アルバイトで　１カ月間(いっかげつかん)　研しゅうを　うけます。
4. 高校時代(こうこうじだい)　化学が　にが手(て)でした。
5. 「家族(かぞく)」を　テーマに　作文を　書(か)きました。
6. 山田(やまだ)くんが　みんなに　じ分(ぶん)の　ゆめを　語っています。
7. ここに　ある　ボールの　数を　かぞえてください。
8. 私(わたし)の　かの女(じょ)は　化しょうに　30分(ぷん)も　かかります。
9. なやみごとを　そうだんして　心が　すっきりしました。
10. なつ休(やす)みの　しゅくだいで　じゆう研究を　やりました。

1	あんしん
2	たんご
3	け　しゅう
4	かがく
5	さくぶん
6	かたって
7	かず
8	け　しょう
9	こころ
10	じゆうけんきゅう

【2】漢字(かんじ)を　書(か)きましょう。

1. 林(はやし)さんは　すうがくが　一番(いちばん)　とくいです。
2. にほんごの　べんきょうは　むずかしいです。
3. テストまで　あと　何日(なんにち)か　かぞえます。
4. 東京(とうきょう)は　日本(にほん)の　せいじの　ちゅうしんです。
5. 私(わたし)の　高校(こうこう)は　ぶんけいと　理(り)けいに　分(わ)かれています。
6. 私(わたし)の　兄(あに)は　けんきゅうじょに　つとめています。
7. 日本(にほん)の　ぶんかを　学(まな)びに　来(き)ました。
8. レストランで　カレーライスを　ちゅうもんしました。
9. すみません。私(わたし)は　えいごが　ぜんぜん　わかりません。
10. 大学(だいがく)で　しんりがくの　じっけんを　しました。

1	数
2	日本語
3	数　えます
4	中心
5	文　けい
6	研究所
7	文化
8	ちゅう文
9	英語
10	心理学

2 合(ごう)コン

合(ごう)コン（合(ごう)どうコンパ）は　男女(だんじょ)の　グループが　集(あつ)まって
お酒(さけ)を　飲(の)んだり　カラオケで　歌(うた)ったり　します。
友(とも)だちが　ふえて　とても　楽(たの)しいです。

若	集	知	酒	歌	声	楽

若　わか-い ８かく　＊	若	若	若	若	若	若
	艹	艹	芋	若	若	若

集　あつ-まる あつ-める シュウ 12かく　＊	集	集	集	集	集	集
	亻	什	仹	隹	隹	集

◆ 漢字を　読みましょう

① 上田さんは　わたしより　三つ　若いです。
（うえだ さん）　（みっつ）（わか い）

② 電車の　中で　若ものに　せきを　ゆずってもらいました。
（でんしゃ）（なか）（わかいもの）

③ 有名人の　まわりに　人が　集まっています。
（ゆうめいじん）（ひと）（あつ まって）

④ いろいろな　キーホルダーを　集めるのが　しゅみです。
（あつ める）

⑤ 明日は　朝８時に　集合してください。
（あした）（あさ はちじ）（しゅうかい）

◆ 漢字を　書きましょう

① わかい　（若　い）　② わかもの　（若　もの）

③ 人があつまる　（集　まる）　④ 切手をあつめる　（集　める）

⑤ しゅうごう　（集合）　⑥ しゅうちゅう　（集中）

⑦ ぶんしゅう　（文集）　⑧ ぼしゅう　（ぼ集）

anthology　recruiting selection, taking applications　concentration convergence

知　しーる　チ　8かく	知	知	知	知	知	知
酒　さけ　さか　シュ　10かく	酒	酒	酒	酒	酒	酒

◆ 漢字(かんじ)を　読(よ)みましょう

① 私の　親友は　合コンで　知り合って　けっこんしました。
（わたし）（しんゆう）（ごうコン）（しりあって）

② 大学から　合かくの　通知が　とどきました。
（だいがく）（ごうかく）（つうち）

③ 大学の　飲み会で　はじめて　お酒を　飲みました。
（だいがく）（のみかい）（おさけ）（のみました）

④ うちの　近くの　酒屋で　ビールを　1ダース　買います。
（ちかく）（さかや）（かいます）

⑤ お酒の　中で　日本酒が　一番　好きです。
（おさけ）（なか）（にほんしゅ）（いちばん）（すき）

◆ 漢字(かんじ)を　書(か)きましょう

① しりあう　（知り合う）　② ちしき　（知しき）

③ ちじん　（知人）　④ つうち　（通知）

⑤ おさけ　（お酒）　⑥ いざかや　（い　　）

⑦ にほんしゅ　（日本酒）　⑧いんしゅうんてん（飲酒うんてん）

歌 うた－う / うた / カ　14かく	歌	歌	歌	歌	歌	歌
	1–5	6	7, 8	9, 10	11, 12	13, 14
声 こえ / セイ　7かく　*	声	声	声	声	声	声
	1, 2	3	4	5	6	7

◆ 漢字(かんじ)を　読(よ)みましょう

① ピアノに　合わせて　歌を　歌います。
（あわせて）（うた）（うたいます）

② 母が　はな歌を　歌いながら　おさらを　あらっています。
（はは）（はなうた）（うたい）

鼻歌 – humming

③ 子どものとき　歌手に　なるのが　ゆめでした。
（こども）（かしゅ）

④ となりの　部屋から　若ものの　わらい声が　聞こえます。
（へや）（わかもの）（わらいこえ）（きこえます）

⑤ 木村さんは　声りょうが　あって　歌が　上手です。
（きむらさん）（せいりょう）（うた）（じょうず）

声量 – volume

◆ 漢字(かんじ)を　書(か)きましょう

① うたをうたう（歌を歌う）　② はなうた（はな歌）

③ かしゅ（歌手）　④ こうか（校歌） – school song

⑤ おおきなこえ（　きな　）　⑥ はなしごえ（話し声）

⑦ なきごえ（なき声）　⑧ おんせい（音声）

楽	たの－しむ たの－しい ラク ガク 13かく	楽	楽	楽	楽	楽	楽

◆ 漢字(かんじ)を 読(よ)みましょう

らく しごと
楽な仕事 – easy job
楽勝 – らくしょう – easy victory
楽器 – がっき – musical instrument

① 明日からの りょ行を 楽しんできてください。
（あした ）（りょこう ）（たのしんで）

② 合コンで 楽しいゲームを して もりあがりました。
（ごう コン）（たの しい）

③ 今日の しごとは とても 楽でした。
（きょう ）　　（らく ）

④ 夜 ねる前に 音楽を 聞きます。
（よる ）（まえ ）（おんがく ）（ききます）

⑤ 今年から 何か 楽きを 始めたいと 思っています。
（ことし ）（なに か）（がっ き）（はじ めたい）（お って）

◆ 漢字(かんじ)を 書(か)きましょう

① たのしい （楽 しい）　② らくなしごと （楽 な）

③ らくしょう （楽 しょう）　④ がっき （楽 き）

⑤ おんがく （音楽 ）　⑥ せいがく （声楽 ）

⑦ ようがく （洋楽 ）

vocal music

ふくしゅう

【1】漢字(かんじ)を　読(よ)みましょう。

1. 合(ごう)コンで　友(とも)だちと　<u>知り合いました</u>。
2. カラオケに　行(い)って　みんなで　<u>歌いました</u>。
3. マイクの　<u>音声</u>を　チェックします。
4. 大学(だいがく)から　合(ごう)かくの　<u>通知</u>が　とどきました。
5. このい酒屋(ざかや)は　<u>若もの</u>に　人気(にんき)が　あります。
6. <u>飲酒うんてん</u>は　ぜったいに　やめてください。
7. 私(わたし)の　夫(おっと)は　<u>音楽</u>かんけいの　しごとを　しています。
8. けんじさんは　<u>声</u>が　とても　大(おお)きいです。
9. この<u>歌手</u>の　CD は　ぜんぶ　持(も)っています。
10. 妹(いもうと)は　いろいろな　人(にん)ぎょうを　<u>集めて</u>います。

1	しりあ　いました
2	うた　いました
3	おんせい
4	つうち
5	わか　もの
6	いんしゅ　うんてん
7	おんがく
8	こえ
9	かしゅ
10	あつ　めて

【2】漢字(かんじ)を　書(か)きましょう。

1. 私(わたし)は　<u>おさけ</u>が　あまり　飲(の)めません。
2. コンサート会場(かいじょう)に　だんだん　人(ひと)が　<u>あつまって</u>きました。
3. <u>こうか</u>を　聞(き)いて　母校(ぼこう)を　思(おも)い出(だ)しました。
4. 女(おんな)の子(こ)が　<u>はなうた</u>を　うたっています。
5. 1時間(じかん)　<u>しゅうちゅう</u>して　べんきょうしました。
6. 今日(きょう)の　合(ごう)コンは　とても　<u>たのしかった</u>です。
7. 青山(あおやま)さんという人(ひと)を　<u>しって</u>いますか。
8. 私(わたし)の方(ほう)が　かれより　三(さん)さい　<u>わかい</u>です。
9. となりの　部屋(へや)から　<u>わらいごえ</u>が　聞(き)こえます。
10. 前田(まえだ)くんは　けいざい学(がく)の　<u>ちしき</u>が　あります。

1	お　酒
2	集　まって
3	校歌
4	はな　歌
5	集中　concentration
6	楽　しかった
7	知　って
8	若　い
9	わらい　声
10	知　しき

3 ラーメン屋

ラーメン屋へ　よく　行きますか。
ラーメン屋は　安くて　りょうが　多いので　学生に　人気が　あります。
めんは　細いのや　太いのが　あります。
味も　しおや　しょう油、とんこつなど　いろいろ　あります。

味　油　太　細　皿　飯　麦

to taste, to savor, to relish

味 あじ-わう / あじ / ミ	味	味	味	味	味	味
8かく						

油 あぶら / ユ	油	油	油	油	油	油
8かく						

◆ 漢字(かんじ)を　読(よ)みましょう

to add (numbers)

① スープの味が　うすいですね。ちょう味料を　足しましょう。
（あじ　）（ちょうみりょう　）（たしましょう）

② 料理を　するときは　かならず　味見を　します。
（りょうり　）（あじみ　）

③ ことばの　い味を　じ書で　しらべます。
（いみ　）（じしょ　）

④ 新せんな　魚を　ぜひ　味わってください。
（しんせんな）（さかな）（あじわって）

⑤ あつくなった　フライパンに　油を　しきます。
（あぶら　）

◆ 漢字(かんじ)を　書(か)きましょう

① スープのあじ（味　）　② あじみ（味見　）

seasoning, flavoring

③ ちょうみりょう（ちょう味料　）　④ いみ（い味　）

⑤ あぶら（油　）　⑥ せきゆストーブ（石油　）

⑦ しょうゆ・ラーゆ（しょう油・ラー油）

太	ふと-る ふと-い タイ	4かく ＊
太 太 太 太 太 太		
一 ナ 大 太		

細	ほそ-い こま-かい サイ	11かく ＊
細 細 細 細 細 細		
幺 糸 糿 細 細 細		

明細（めいさい）－details

◆ 漢字(かんじ)を　読(よ)みましょう

① ラーメンなら　私は　太い　めんが　好きです。
（わたし）（ふとい）（すき）

② 食べすぎで　５キロも　太ってしまいました。
（たべすぎ）（ふとって）

③ かの女は　足が　細くて　長いです。
（かのじょ）（あし）（ほそくて）（ながい）

④ 暗い　道を　一人で　あるくと　とても　心細いです。
（くらい）（みち）（ひとり）（こころぼそい）

helpless, hopeless, discouraging

⑤ やさいを　細かく　きざんでください。
（こまかく）

◆ 漢字(かんじ)を　書(か)きましょう

① ふといベルト（太い）　② ふとる（太る）

③ たいよう（太よう）　④ たいへいよう（太へい洋）

sun, solar　Pacific Ocean

⑤ ほそいうで（細い）　⑥ ほそながいへや（細長い）

⑦ こまかいおかね（細かい）　⑧ きゅうよめいさい（明細）

皿　さら 5かく	皿	皿	皿	皿	皿	皿
	1	2	3	4	5	
飯　めし　ハン 12かく	飯	飯	飯	飯	飯	飯
	1 2 3 4	5 6	7 8	9 10	11	12

灰皿　はいざら – ash tray

◆ 漢字(かんじ)を　読(よ)みましょう

① アルバイトで　皿あらいの　しごとを　しています。
　（さら　あらい）

② すみません。小皿を　二まい　ください。
　（こざら　）（に　まい）

③ かれは　三どの　飯より　読書が　好きです。 → reading / lecture
　（さん　ど）（めし　）（どくしょ）（す　き）

④ 夕飯の　ざい料を　買いに　スーパーへ　行きます。
　（ゆうはん）（ざいりょう）（か　い）（い　きます）

⑤ 新しい　すい飯きで　米を　たきます。 → to cook (grains)
　（あたらしい）（すいはんき）（こめ　）

◆ 漢字(かんじ)を　書(か)きましょう

① さら　（皿　）　② こざら　（小皿　）

③ とりざら　（とり皿　）　④ はいざら　（はい皿　）

⑤ めし　（飯　）　⑥ ゆうはん　（夕飯　）

⑦ すいはんき　（すい飯　き）　⑧ ひるごはん　（昼　ご飯）

麦 むぎ　wheat barely oat

７かく　＊

麦 麦 麦 麦 麦 麦

(stroke order 1–7)

◆ 漢字(かんじ)を　読(よ)みましょう

① ビールは　麦から　作られています。

（むぎ）（つく られて）

② 小麦を　使っていない　ケーキを　食べました。

（こむぎ）（つか って）　（た べました）

③ つめたい　麦茶を　水とうに　入れて　さんぽに　行きましょう。

（むぎちゃ）（すい とう）（い れて）（い きましょう）

④ 今日は　とても　あついので　麦わらぼうしを　かぶって　出かけます。

（きょう）　（むぎ わらぼうし）　（で かけます）

◆ 漢字(かんじ)を　書(か)きましょう

① むぎ　（麦）　② こむぎ　（小麦）

③ おおむぎ　（大麦）　④ むぎちゃ　（麦茶）

⑤ むぎわらぼうし　（麦 わらぼうし）

ふくしゅう

【1】漢字(かんじ)を　読(よ)みましょう。

1. 小麦こで　パンや　うどんを　作(つく)ります。
2. さい近(きん)　食(た)べすぎて　少(すこ)し　太ってきました。
3. 石油ストーブで　部屋(へや)を　あたためます。
4. 友(とも)だちと　昼ご飯を　食(た)べる　やくそくを　しました。
5. お気(き)に入(い)りの　お皿を　わってしまいました。
6. ちょうどいいか　味見を　してください。
7. 店長(てんちょう)に　きゅうよ明細を　もらいました。
8. まりさんは　うでが　細いのに　力(ちから)が　あります。
9. しおラーメンに　ごま油を　入(い)れると　おいしいです。
10. はじめての　フランス料理(りょうり)を　味わいました。

1	こむぎ　こ
2	ふと　って
3	せきゆ
4	ひるごはん
5	お　さら
6	いしけん
7	めいさい
8	ほそ　い
9	ごま　あぶら
10	あじ　わいました

【2】漢字(かんじ)を　書(か)きましょう。

1. なつに　なると　むぎちゃを　飲(の)みたく　なります。
2. この店(みせ)の　ラーメンは　めんが　ふといです。
3. ちょうみりょうは　何(なに)か　ひつようですか。
4. 知(し)らない　所(ところ)へ　行(い)くのは　こころぼそいです。
5. ほりえさんは　ヨットで　たいへいようを　わたりました。
6. ゆうはんの　おかずを　買(か)いに　スーパーへ　行(い)きます。
7. このラーメンは　あじが　うすくて　おいしくないです。
8. とりざらに　おかずを　分(わ)けます。
9. ぎょうざに　ラーゆを　つけて　食(た)べます。
10. すみません。今(いま)　こまかい　お金(かね)が　ありません。

1	麦茶
2	太　い
3	ちょう　味料
4	心細　い
5	太　へい　洋
6	夕飯
7	味
8	とり　皿
9	油
10	細　かい

6章(しょう) アチーブメントテスト

【1】漢字(かんじ)を 読(よ)みましょう。

1. アルバイト先(さき)で 1週間(しゅうかん) 研しゅうを うけました。　修
   （けん しゅう）
2. 1日(にち)に 十(じっ)こ たん語を おぼえます。
   （たんご）
3. おいしくなるようにと 心を こめて 毎日(まいにち) 食(しょく)じを 作(つく)ります。
   （こころ）
4. 高校時代(こうこうじだい)は 化学が 一番(いちばん) にが手(て)でした。
   （かがこ）
5. この人(ひと)の ことを 知っていますか。
   （しって）
6. もっと 大(おお)きい声で 話(はな)してください。
   （こえ）
7. 今日(きょう)は お客(きゃく)さんも 少(すく)なくて しごとが 楽でした。
   （らく）
8. じ書(しょ)で しらべても い味が よく わかりません。
   （いみ）
9. すい飯きで ごはんを たきます。
   （すいはんき）
10. やさいを 細かく きざんだら なべに 入(い)れてください。
   （こまかく）

【2】漢字(かんじ)を 書(か)きましょう。

1. ゆめをかたる（語る）
2. ちゅうもん（ちゅう文）
3. しゅうちゅう（集中）
4. わかもの（若もの）
5. にほんしゅ（日本酒）
6. あじみ（味見）
7. せきゆ（石油）
8. はなしごえ（話し語）
9. おんがく（音楽）
10. さらあらい（皿あらい）

【3】文(ぶん)を　読(よ)んで　漢字(かんじ)を　読(よ)んだり　書(か)いたりしましょう。

私(わたし)は　2年前(ねんまえ)に　日本(にほん)へ　来(き)ました。今(いま)　大学一年生(だいがくいちねんせい)です。大学(だいがく)では　①心理学を　べんきょうしています。大学(だいがく)の　じゅぎょうは　はじめは　むずかしかったですが　今(いま)は　なれました。むずかしいのは　②ごがくの　じゅぎょうです。特(とく)に　③えいごが　にが手(て)ですが　一生(いっしょう)けんめい　がんばっています。好(す)きなのは　④日本文化ろんの　こうぎです。レポートで　二千字(にせんじ)の　⑤文しょうを　書(か)くのは　たいへんでしたが　書(か)いて　じしんが　つきました。大学(だいがく)の　そつぎょう後(ご)は　大学院(だいがくいん)で　⑥けんきゅうを　したいと　思(おも)っています。

この間(あいだ)　はじめて　合(ごう)コンに　さんかしました。友(とも)だちから　「⑦にんずうが　少(すく)ないから　来(き)てくれない?」と　さそわれたのです。男(おとこ)の人(ひと)と　女(おんな)の人(ひと)が　同(おな)じ　⑧数に　ならなければならないそうです。おもしろいと　思(おも)いました。い酒屋(ざかや)も　はじめて　行(い)きました。大学生(だいがくせい)など　⑨わかいひとが　⑩たのしそうに　⑪おさけを　飲(の)みながら　話(はなし)を　していました。私(わたし)たちは　7時(じ)に　⑫集まって　9時(じ)まで　飲(の)みました。それから　カラオケへ　行(い)きました。日本(にほん)の　アニメソングを　⑬歌ったら　みんなに　⑭声が　いいと　ほめられました。

さい近(きん)　⑮しりあいに　しょうかいしてもらって　ラーメン屋(や)で　アルバイトも　始(はじ)めました。⑯しょう油や　みそ、とんこつなど　いろいろな　⑰味が　あることや　⑱ふといめん　⑲ほそいめんなど　めんの　しゅるいも　たくさん　あることを　⑳知りました。メニューを　おぼえて　しっかり　ちゅうもんが　とれるように　なりたいです。

① しんりがく	② 語学	③ 英語	④ にほんぶんかろん
⑤ ぶんしょう	⑥ 研究	⑦ 人数	⑧ ず
⑨ 若い人	⑩ 楽しそう	⑪ お酒	⑫ あつまって
⑬ うたったら	⑭ こえ	⑮ 知り合い	⑯ しょうゆ
⑰ あじ	⑱ 太い	⑲ 細い	⑳ しりました

6章(しょう)　クイズ

【1】＿＿＿の　ひらがなを　漢字(かんじ)に　なおして　（　　　）に　書(か)きましょう。

	9:00	12:00	15:00	18:00	21：00	24:00
11/10（月）	←①しんりがく→		←②えいごⅠ→			
11/11（火）			←③にほんぶんかろん→		←アルバイト→	
11/12（水）		←④えいぶんがく→	←⑤にほんごⅡ→			
11/13（木）	←ゼミ：日本文化⑥けんきゅう→				←アルバイト→	
11/14（金）			←にほんごⅡ→			
11/15（土）		デート（よこはま）♡				

①（心理学　）　②（英語　）　③（日本文化　ろん　）
④（英文学　）　⑤（日本語　）　⑥（研究　）

【2】＿＿＿の　ことばの　読(よ)み方(かた)を　（　　　）に　書(か)きましょう。

パクさん

来週(らいしゅう)の　土(ど)よう日(び)　①合コンが　あるんだけど、いっしょに　行(い)かない？⤴⤴
（ごう　コン）

あい手(て)は　私(わたし)の　②知り合いだよ ^_^
（しりあい）

なんと！　イケメン③歌手も　来(く)るんだよ。この人(ひと)　④声が　すごくいいんだ。
（かしゅ）　（こえ）

二(に)じ会(かい)は　みんなで　カラオケに　行(い)くから　⑤楽しみに　していてね
（たのしみ）

土(ど)よう日(び)は　7時(じ)に　⑥名古屋駅の　時計広場(とけいひろば)に　⑦集合だよ。
（なごや えき）　（しゅうごう　）

じゃ　へんじを　待(ま)ってるね ♡♡

めぐみ

【3】メニューを　見(み)ながら　下(した)の　会話(かいわ)を　読(よ)んで　漢字(かんじ)を　書(か)きましょう。

メニュー

しょうゆラーメン	550円
チャーシューめん	750円
ワンタンめん	650円
特もりラーメン	1450円
さらうどん	750円
トッピング ～あじつけたまご・コーン・もやし～	50円
ラー油	0円

※めんは「ふとめん・ほそめん」からえらべます。
※特もりラーメン　ぜんぶ食べたらむりょう！

チャーハン	450円
ご飯	150円
ぎょうざ	450円
お酒（なまビール・日本酒）	400円
ジュース	200円

※むぎちゃはセルフサービスでどうぞ

☆ぼう年会・飲み会　できます。
☆出前　できます。

ラーメン屋ふじ
〒○○○△△△
青森県ふじ市りんご町○-△-×
電話：017-○○○-△△△△

客(きゃく)　：すみません。［ち｜ゅ｜う｜文］いいですか。

店員(てんいん)：はい。どうぞ。

客(きゃく)　：あのう　特(とく)もりラーメンって　何(なん)ですか。

店員(てんいん)：三人前(さんにんまえ)の　ラーメンです。ぜんぶ　食(た)べた方(かた)は［む｜料］になりますよ。

客(きゃく)　：三人前(さんにんまえ)ですか！　それは　むりだなあ。

じゃ［し｜ょ｜う｜油］ラーメンと［皿｜う｜ど｜ん］を一(ひと)つずつ　ください。

店員(てんいん)：ラーメンの　めんは［太｜め｜ん］と［細｜め｜ん］どちらに　しますか。

客(きゃく)　：ほそい方(ほう)で　おねがいします。あと［味｜つ｜け］たまごも　一(ひと)つ　つけてください。

それから［生｜ビ｜ー｜ル］を　一(ひと)つと［麦｜茶］を　一(ひと)つ　ください。

店員(てんいん)：ビールですね。［麦｜茶］は　セルフサービスなので　あちらから　おとりください。

………………………………………………

客(きゃく)　：すみません。［お｜合｜計］おねがいします。

店員(てんいん)：はい、ありがとうございます。合計(ごうけい)で［千｜三｜百｜五｜十｜円］です。

7章(しょう)
春夏秋冬(しゅんかしゅうとう)

1 きせつ

日本(にほん)には 春(はる) 夏(なつ) 秋(あき) 冬(ふゆ)が あります。あなたの くにでは どうですか。
じ分(ぶん)の くにや 日本(にほん)の きせつを せつ明(めい)したり しつもんしたり
できるようになりましょう。

春 夏 秋 冬 空 星 雲 去

春　はる　シュン　9かく	春	春	春	春	春	春

夏　なつ　カ　10かく　＊	夏	夏	夏	夏	夏	夏

◆ 漢字(かんじ)を　読(よ)みましょう

① 今年の　春は　いつもの　年より　さむいです。
(ことし　)(はる　)　(とし　)

② 新春の　およろこびを　もうし上げます。
(しんしゅん　)　(もうし あ げます)

③ 社会人になって　私の　青春も　終わりました。
(しゃかいじん　)(わたし)(せいしゅん)(おわりました)

④ 毎年　夏になると　うみに　およぎに　行きます。
(まいねん)(なつ　)　(い きます)

⑤ 今日は　気おんが　二十五ど　い上の　夏日でした。
(まいにち)(き おん)(にじゅうご ど)(いじょう)(なつび)

one's youth youthfulness

atmospheric temperature

hot summer day

◆ 漢字(かんじ)を　書(か)きましょう

① はるやすみ　(春休 み)　② りっしゅん　(立春)

③ しゅんぶんのひ　(春分 の日)　④ せいしゅん　(青春)

⑤ なつやすみ　(夏休 み)　⑥ しょか　(しょ夏)

first day of spring

Vernal Equinox Holiday (March 20 or 21)

初夏 early summer

秋　あき　シュウ	秋	秋	秋	秋	秋	秋
9かく	1 2	3	4 5	6 7	8	9

冬　ふゆ　トウ	冬	冬	冬	冬	冬	冬
5かく	1	2	3	4	5	

◆ 漢字(かんじ)を　読(よ)みましょう

① 秋は　くだ物が　おいしい　きせつです。

(　　)(くだ　　)

② 秋分の日に　父と　おはかまいりに　行きました。

(　　　　)(　　)　　(　きました)

③ 冬休みは　12月23日から　始まります。

(　　み)(じゅうに　　にじゅうさん　　)(　　まります)

④ 今日は　ま冬の　さむさに　なるそうです。

(　　)(ま　　)

⑤ 冬きオリンピックで　日本の　せん手が　金メダルを　とりました。

(　　きオリンピック)(　　)(せん　)(　　メダル)

◆ 漢字(かんじ)を　書(か)きましょう

① あき　(　　　　)　② しゅうぶんのひ　(　　　　)

③ りっしゅう　(　　　　)　④ ふゆ　(　　　　)

⑤ まふゆ　(ま　　　)　⑥ しゅんかしゅうとう　(　　　　)

空　あ－く／あ－ける／そら／から／クウ　8かく	空	空	空	空	空	空
	1-2	3	4-5	6	7	8

星　ほし／セイ　9かく　*	星	星	星	星	星	星
	1-2	3-4	5	6	7	8-9

◆漢字を　読みましょう
かんじ　よ

① となりの　家は　半年前から　空き家です。
（いえ　）（はんねんまえ　）（あきや　）

② 雨上がりの　空は　青くて　きれいです。
（あめあ　がり）（そら　）（あお　くて）

③ 私の　弟は　小学生のときから　空手を　ならっています。
（わたし　）（おとうと　）（しょうがくせい）（からて　）

④ ひ行きが　東京の　上空を　とんでいます。
（ひ　こう　き）（とうきょう　）（じょうくう　）

⑤ 夜空に　星が　かがやいています。
（よぞら　）（ほし　）

vacant house
unoccupied house
だれも住んでいません。
火星－かせい
→Mars
上空－じょうくう
→sky
夜空－よぞら
空気－くうき
air
atmosphere

◆漢字を　書きましょう
かんじ　か

① あきカン　（空　きカン）　② 時間があく（じかん）　（空　く）

③ せきをあける　（空　ける）　④ そら　（空　）

⑤ からのはこ　（空　）　⑥ くうき　（空気　）

⑦ くうこう　（空　こう）　⑧ かせい　（火星　）

雲	くも ウン	12かく
去	さ-る キョ コ	5かく

◆ 漢字(かんじ)を　読(よ)みましょう

① 星が　雲に　かくれて　見えません。
（ほし）（くも）　（み えません）

② 雨雲が　出てきたので　もうすぐ　雨が　降るかもしれません。
（あめぐも）（でて）　（あめ）（ふる）

③ 去年の　4月に　日本へ　来ました。
（きょねん）（しがつ）（にほん）（き ました）

④ しゃしんを　見て　か去を　思い出しました。
（みて）（かこ）（おもいだしました）

⑤ 大せつな　データを　まちがって　しょう去して　しまいました。
（たいせつな）　（しょうきょ）

◆ 漢字(かんじ)を　書(か)きましょう

① くも　（雲）
② せきらんうん　（せきらん雲）
③ 夏(なつ)がさる　（去る）
④ きょねん　（去年）
⑤ かこ　（か去）
⑥ しょうきょ　（しょう去）
⑦ しきょ　（し去）

ふくしゅう

【1】漢字(かんじ)を　読(よ)みましょう。

1. 毎年(まいとし)　春に　さくらを　見(み)るのが　楽(たの)しみです。
2. 火星に　生物(せいぶつ)が　いる　という　人(ひと)も　います。
3. 夕(ゆう)べ　月(つき)が　雲に　かくれて　見(み)えませんでした。
4. 夏休みに　山(やま)へ　キャンプに　行(い)くつもりです。
5. 去年に　くらべて　今年(ことし)は　ゆきが　多(おお)いです。
6. 日本(にほん)は　春夏秋冬が　はっきりしています。
7. 時間(じかん)が　空いたら　れんらく　してください。

city, Tokyo Metropolitan Assembly

8. 都会(とかい)では　星は　なかなか　見(み)られません。
9. 秋は　スポーツを　するのに　いい　きせつです。
10. 西(にし)の　空に　日(ひ)が　しずんでいます。

1	はる
2	かせい
3	くも
4	なつやす　み
5	きょねん
6	しゅんかしゅうとう
7	あ　いたら
8	ほし
9	あき
10	そら

【2】漢字(かんじ)を　書(か)きましょう。

1. あきカンは　ごみばこに　すててください。
2. 10時(じ)までに　部屋(へや)を　あけてください。
3. せきらんうんが　出(で)ていたので　しゃしんを　とりました。
4. しゅんぶんのひに　はかまいりに　行(い)きました。
5. こい人(びと)は　私(わたし)の　元(もと)を　さって　行(い)きました。
6. ふゆやすみに　北海道(ほっかいどう)へ　スキーをしに　行(い)きます。
7. 今日(きょう)は　まふゆの　さむさでした。
8. 今年(ことし)の　なつは　花火大会(はなびたいかい)へ　行(い)きたいです。
9. 山(やま)の　上(うえ)の　くうきは　つめたくて　きれいです。
10. かこのことは　わすれて　これからを　考(かんが)えましょう。

1	空　きカン
2	空　けて
3	せきらん　雲
4	春分の日
5	去　って
6	冬休　み
7	~~ま~~ 真冬
8	夏
9	空気
10	か　去

2 天気

天気を　言うときに　使う　ことばを　おぼえましょう。
天気よほうが　わかるように　なります。

天　晴　雪　風　強　弱　暑　寒

天　テン ４かく　＊	天	天	天	天	天	天
	一	二	于	天		

晴　は-れる　セイ 12かく　＊	晴	晴	晴	晴	晴	晴
	冂	日	日+	日+	晴	晴

◆ 漢字（かんじ）を　読（よ）みましょう

① 朝は　いい　天気でしたが　午後に　なって　雨が　降ってきました。
（　　）　（　　）　（　　）　（　　）（　　って）

② 天気よほうに　よると　今日は　晴れるそうです。
（　　よほう）　（　　）（　　れる）

③ 雨天の　ばあい　うんどう会は　中止します。
（　　）　（うんどう　　）（　　　します）

④ 子どもの　ねがおは　天使の　ようです。
（　　）　（　　）

⑤ 今日は　雲が　一つも　ない　かい晴です。
（　　）（　　）（　　つ）（かい　　）

◆ 漢字（かんじ）を　書（か）きましょう

① てんき　（　　）　② うてん　（　　）

③ てんし　（　　）　④ てんくう　（　　）

⑤ せいてん　（　　）　⑥ 空（そら）がはれる　（　　れる）

⑦ かいせい　（かい　　）

雪 ゆき セツ 11かく	雪 雪 雪 雪 雪 雪
風 かぜ フウ 9かく ＊	風 風 風 風 風 風

◆ 漢字(かんじ)を 読(よ)みましょう

① 寒いと 思って まどの 外を 見たら 雪が 降っていました。

（　　い）（　　って）（　　）（　　たら）（　　）（　　って）

② 東北地方に 大雪が 降ったそうです。

（　　）（　　）（　　った）

③ 台風が 近づいて 雨と 風が つよくなってきました。

（　　）（　　づいて）（　　）（　　）

④ 風車を 使って 電気を 作ります。

（　　）（　　って）（　　）（　　ります）

⑤ 明じ時だいから 日本は 洋風の 生かつを するようになりました。

（　　　だい）（　　）（　　）（　　かつ）

◆ 漢字(かんじ)を 書(か)きましょう

① ゆき（　　）　② ゆきぐに（　　ぐに）

③ おおゆき（　　）　④ しんせつのゲレンデ（　　）

⑤ ふうそく（　　）　⑥ たいふう（　　）

⑦ ふうしゃ（　　）　⑧ ようふう・わふう（　　・　　）

強 つよ－まる つよ－める つよ－い キョウ 11かく ＊	強	強	強	強	強	強
	1	2 3	4 5 6	7 8	9	10 11

弱 よわ－る よわ－まる よわ－める よわ－い ジャク 10かく	弱	弱	弱	弱	弱	弱
	1	2 3	4	5	6 7 8	9 10

強火－つよび
弱小－じゃくしょう
Lo puii ness

◆ 漢字を　読みましょう

① 夕方になって　風が　強まってきました。
（ゆうがた）（かぜ）（つよ まって）

② 川上さんは　力が　強いです。
（かわかみ さん）（ちから）（つよ い）

③ やさいと　肉を　強火で　いためます。
（にく）（つよび）

④ 病気を　して　そ父は　体が　弱ってしまいました。
（びょうき）（そふ）（からだ）（よわ って）

⑤ 昨日からの　大雨も　やっと　弱まってきました。
（きのう）（おおあめ）（よわ まって）

◆ 漢字を　書きましょう

① 火をつよめる　（強 める）
② きょうふう　（強風）　strong wind
④ 力をよわめる　（弱 める）
③ 体がよわい　（弱 い）
⑤ じゃくしょうチーム（弱小 チーム）
⑥ きょうじゃく　（強弱）

暑 あつ-い ショ 12かく	暑	暑	暑	暑	暑	暑

寒 さむ-い カン 12かく	寒	寒	寒	寒	寒	寒

◆ 漢字を　読みましょう

①今日は　暑かったので　たくさん　あせを　かきました。
（きょう）（あつ　かった）

②田中さんは　夏に　ひ暑地に　ある　べっそうへ　行くそうです。
（たなかさん）（なつ）（ひしょち）　（いく）

summer resort　holiday house

③先生に　暑中見まいの　はがきを　出しました。
（せんせい）（しょちゅうみ　まい）（　しました）

summer greeting card

④寒い　朝は　おきるのが　大へんです。
（さむ　い）（あさ）（たい　へん）

⑤毎日　寒いので　ぼう寒グッズを　買いに　行きました。
（まいにち）（さむ　い）（ぼう　かん）（か　い）（い　きました）

◆ 漢字を　書きましょう

①あつさ　（暑　さ）　②もうしょび　（もう暑日）

extremely hot day

③ひしょ　（ひ暑）　④しょちゅうみまい（暑中見　まい）

⑤さむさ　（寒　さ）　⑥さむけ　（寒気）

chill, shivers

⑦ぼうかん　（ぼう寒）

防寒 protection agains cold

ふくしゅう

【1】漢字(かんじ)を　読(よ)みましょう。

1. 子(こ)どものとき　体(からだ)が　弱くて　よく　かぜを　ひきました。
2. やさいを　いためるときは　火(ひ)を　強めましょう。
3. 寒いので　コートを　着(き)て　出(で)かけました。
4. 台風が　近(ちか)づいているので　外(そと)に　出(で)ないでください。
5. 強風が　ふいて　かんばんが　おちました。
6. うんどうを　していないので　足(あし)が　弱ってきました。
7. 新雪の　ゲレンデを　すべるのは　気(き)もちがいいです。
8. 明日(あした)　晴れたら　友(とも)だちと　テニスを　します。
9. 雨天のため　やきゅうの　しあいは　中止(ちゅうし)です。
10. 今年(ことし)は　もう暑日が　つづきました。

1	よわ　くて
2	つよ　めましょう
3	さむ　い
4	たいふう
5	きょうふう
6	よわ　って
7	しんせつ
8	は　れたら
9	うてん
10	もう　しょび

【2】漢字(かんじ)を　書(か)きましょう。

1. このビルは　じしんに　つよい　たて物(もの)です。
2. ゆきを　集(あつ)めて　ゆきだるまを　作(つく)りました。
3. きのうの　夜(よる)は　あつくて　ねむれませんでした。
4. てんきよほうに　よると　明日(あした)は　雨(あめ)が　ふるそうです。
5. エアコンを　少(すこ)し　よわめてください。
6. 部屋(へや)に　かぜを　入(い)れるため　まどを　開(あ)けました。
7. 赤(あか)ちゃんの　ねがおは　てんしの　ようです。
8. おでんは　よわびで　にたほうが　おいしいです。
9. わ風(ふう)と　ようふうと　どちらの　料理(りょうり)が　いいですか。
10. 冬山(ふゆやま)に　行(い)くなら　しっかり　ぼうかんを　しましょう。

1	強　い
2	雪
3	暑　くて
4	天気　よほう
5	弱　めて
6	風
7	天使
8	弱日
9	洋風
10	ぼう　寒

3 旅行(りょこう)

旅行(りょこう)が 好(す)きですか。旅行(りょこう)に 行(い)ったら いろいろな 写真(しゃしん)を とりますね。
世界(せかい)を 旅(たび)して とった写真(しゃしん)は いい きねんに なるでしょう。

旅 持 世 界 写 真 船

旅　たび　リョ 10かく	旅

持　も-つ　ジ ９かく	持

一人旅 - ひとりたび
travelling alone
旅 - たび - travel, trip
所持金 - しょじきん
money in one's possession
持病 - じびょう
chronical disease

◆ 漢字(かんじ)を　読(よ)みましょう

① 夏休みに　中国へ　一人旅を　する　つもりです。
（なつやす　み）（ちゅうごく　）（ひとりたび　）

② 旅行に　行くために　アルバイトをしています。
（りょこう　）（い　く）

③ 山の　中に　ある　おんせん旅館に　とまりました。
（やま　）（なか　）　（りょかん　）

④ 重そうですね。　荷物を　持ちましょうか。
（おも　そう）　（にもつ　）（も　ちましょう）

⑤ 旅行中　所持金を　すべて　おとしてしまいました。
（りょこうちゅう）（しょじきん　）

◆ 漢字(かんじ)を　書(か)きましょう

① たび　（旅　）　② りょこう　（旅行　）

③ りょかん　（旅館　）　④ りょひ　（旅費　ひ）　travel expenses

⑤ 荷物(にもつ)をもつ　（持　つ）　⑥ きもち　（気持　ち）

⑦ もちもの　（持　ち物　）　⑧ じびょう　（持病　）

世 よ セイ セ 5かく	世	世	世	世	世	世
	一	十	廾	廿	世	

界 カイ 9かく	界	界	界	界	界	界
	丨	冂	田	田	界	界

◆ 漢字を　読みましょう

① インターネットで　何でも　できる　世の中になりました。
（なんでも）　（よのなか）

② 木村さんは　か長から　部長に　出世しました。
（きむら さん）（かちょう）（ぶちょう）（しゅっせ）

③ いつか　世界一しゅう旅行を　してみたいです。
（せかい　しゅうりょこう）

④ 毎日　しごとが　多すぎて　もう　げん界です。
（まいにち）（おおすぎて）（げんかい）

⑤ そ母は　去年　八十三さいで　た界しました。
（そぼ）（きょねん）（はちじゅうさんさい）（たかい）

success in life
getting ahead

中世－ちゅうせい
middle Ages

◆ 漢字を　書きましょう

① よのなか（世の中）　② ちゅうせい（中世）

③ せけん（世間）　④ しゅっせ（出世）

⑤ 21せいき（21世き）　⑥ せかい（世界）

⑦ げんかい（げん界）　⑧ げいのうかい（げいのう界）

world, society

world of show business

society, the world

写　うつ-る　うつ-す　シャ　5かく	写	写	写	写	写
	1	2	3	4	5

真　ま　シン　10かく	真	真	真	真	真
	1	2	3 4	5 6	7 8	9 10

◆ 漢字(かんじ)を　読(よ)みましょう

① 一番　左に　写っている　人は　私の　父です。
（いちばん）（ひだり）（うつ って）（ひと）（わたし）（ちち）

② け色(しき)が　きれいな　場所で　写真を　とりましょう。
（ばしょ）（しゃしん）

③ この魚は　真空パックに　入っているので　長持ちします。
（さかな）（しんくう）（はい って）（ながも ち）

vaccum, hollow
long lasting

④ うそを　つかないで　真じつを　話してください。
（しん じつ）（はなして）

⑤ 私の　父は　三人兄弟の　真ん中です。
（わたし）（ちち）（さんにんきょうだい）（ま んなか）

◆ 漢字(かんじ)を　書(か)きましょう

① うつる　（写　る）　② ノートをうつす（写　す）

③ しゃせい　（写生）　④ まなつ　（真夏）

⑤ まごころ　（真心）　⑥ しゃしん　（写真）

⑦ しんくう　（　）　⑧ しんじつ　（真　じつ）

sketching, drawing
sincerely, devotion

船　ふね　セン　11かく　＊	船	船	舟台	舟台	舟台	舟台
	丿 1 2	几 3	舟 4 5	舟 6	舟八 7 8	船 9 10 11

◆ 漢字を　読みましょう
（かんじ）（よ）

① 船で　北かい道へ　行きました。
（ふね）（ほっかいどう）（い　きました）

② 船に　乗って　旅行しているとき　船長と　写真を　とりました。
（ふね）（の　って）（りょこう）（せんちょう）（しゃしん）

③ この客船には　プールや　カジノも　あるそうです。
（きゃくせん）
passenger Boat

◆ 漢字を　書きましょう
（かんじ）（か）

① ふね　（船）　② きゃくせん　（客舟台）

③ せんちょう　（舟台長）　④ ふうせん　（風舟台）
Balloon

ふくしゅう

【1】漢字(かんじ)を　読(よ)みましょう。

1. 山田(やまだ)さんは　同(どう)きより　早(はや)く　出世しました。
2. 私(わたし)の　右(みぎ)に　写っている人(ひと)が　母(はは)です。
3. 夏休(なつやす)みに　一人旅する　よていです。
4. 船で　こうべへ　行(い)ったので　時間(じかん)が　かかりました。
5. 妹(いもうと)は　歌手(かしゅ)として　げいのう界で　かつやくしています。
6. ろてんぶろが　ある　おんせん旅館を　よやくしました。
7. 荷物(にもつ)が　重(おも)いので　持って　もらえませんか。
8. 今(いま)は　インターネットで　買(か)い物(もの)が　できる　世の中です。
9. 部屋(へや)の　真ん中に　テーブルを　おきました。
10. この客船には　プールや　カジノなどが　あります。

1	しゅっせ
2	うつ　って
3	ひとりたび
4	ふね
5	げいのう　かい
6	りょかん
7	も　って
8	よう　の　なか
9	ま　ん　なか
10	きゃくせん

【2】漢字(かんじ)を　書(か)きましょう。

1. 友(とも)だちの　レポートを　うつしてはいけません。
2. りょこうするために　スーツケースを　買(か)いました。
3. 花(はな)の　しゃしんを　とるのが　好(す)きです。
4. せかいへいわを　ねがう　イベントが　行(おこな)われました。
5. ホラー映画(えいが)を　見(み)て　きもちが　わるくなりました。
6. けいさつに　行(い)って　しんじつを　話(はな)してください。
7. 体力(たいりょく)の　げんかいに　ちょうせんしています。
8. キャンプの　前日(ぜんじつ)に　もちものを　かくにんしました。
9. りょひを　ためるために　アルバイトを　しています。
10. ゆう園地(えんち)で　ふうせんを　もらいました。

1	写　して
2	旅行
3	写真
4	世界
5	気持　ち
6	真　じつ
7	げん　界
8	持　ち　物
9	旅　ひ
10	風船

7章(しょう)　アチーブメントテスト

【1】漢字(かんじ)を　読(よ)みましょう。

1. 明日(あした)　<u>晴れたら</u>　おべん当(とう)を　持(も)って　ハイキングに　行(い)きませんか。
（はれたら）
2. ペットの　<u>写真</u>を　たくさん　とって　友(とも)だちに　見(み)せました。
（しゃしん）
3. <u>雪</u>が　つもったので　雪だるまを　作(つく)りました。
（ゆき）
4. <u>夏休み</u>は　海(うみ)で　およいだり　山(やま)で　キャンプしたり　する　計画(けいかく)です。
（なつやすみ）
5. <u>旅行</u>に　行(い)く前(まえ)に　ガイドブックを　買(か)いました。
（りょこう）
6. <u>去年</u>の　4月(がつ)から　日本語(にほんご)の　べん強(きょう)を　始(はじ)めました。
（きょねん）
7. <u>船</u>に　のって　みずうみを　一(いっ)しゅう　しました。
（ふね）
8. うでの　力(ちから)が　<u>弱い</u>ので　この荷物(にもつ)は　持(も)ち上(あ)げられません。
（よわい）
9. 時間(じかん)が　<u>空いたら</u>　電話(でんわ)してください。
（あいたら）
10. <u>暑い</u>　日(ひ)に　飲(の)む　ビールは　おいしいですね。
（あつい）

【2】漢字(かんじ)を　書(か)きましょう。

1. くも　（雲）
2. ほし　（星）
3. さむい　（暑　い）
4. きょうふう　（強風）
5. せいしゅん　（青春）
6. きもち　（気持　ち）
7. てんき　（電気）
8. せかい　（世界）
9. たいふう　（台風）
10. りっしゅう　（立秋）

【3】文(ぶん)を　読(よ)んで　漢字(かんじ)を　読(よ)んだり　書(か)いたりしましょう。

日本(にほん)の　きせつ

①はるになって　さくらが　さくと　昼(ひる)は　おべん当(とう)を　②もった　人(ひと)が　夜(よる)は　お酒(さけ)を　飲(の)みながら　花見(はなみ)を　する人(ひと)が　ふえます。

③夏は　昼間(ひるま)は　とても　④暑いです。夜(よる)に　なると　少(すこ)し　すずしくなります。夏になると　いろいろな　場所(ばしょ)で　花火大会(はなびたいかい)が　あります。花火(はなび)を　見(み)る　⑤船も　出(で)ます。

⑥秋の　はじめは　よく　⑦たいふうが　来(き)ます。たいふうが　近(ちか)づくと　雨(あめ)や　⑧風が　⑨つよくなって　出(で)かけるのが　きけんです。でも　たいふうが　⑩去った後(あと)は　⑪くも　一(ひと)つなく　⑫はれて　きれいな　⑬空です。そして　はっぱの　色(いろ)が　かわって　こうようが　きれいな　きせつになります。

autumn colours

⑭冬は　⑮くうきが　きれいです。夜(よる)は　とても　⑯さむいですが　⑰星を　見(み)るのに　いいです。北(きた)へ　行(い)くと　たくさんの　⑱雪が　降(ふ)ります。

日本(にほん)は　どの　きせつでも　楽(たの)しめます。⑲しゃしんを　とるところも　たくさん　あります。ぜひ　⑳りょこうに　来(き)てください。

① 春	② 持った	③ なつ	④ あつい
⑤ ふね	⑥ あき	⑦ 台風	⑧ かぜ
⑨ 強く	⑩ さった	⑪ 雲	⑫ 晴れて
⑬ そら	⑭ ふゆ	⑮ 空気	⑯ 寒い
⑰ ほし	⑱ ゆき	⑲ 写真	⑳ 旅行

7章　クイズ

【1】きせつの　漢字を　書きましょう。

れい〔　冬　〕

1.〔 夏 〕

2.〔 春 〕

3.〔　　　〕

4.〔　　　〕

5.〔　　　〕

6.〔　　　〕

7.〔　　　〕

8.〔　　　〕

【2】 □の 漢字(かんじ)は まちがいです。〔　〕に ただしい 漢字(かんじ)を 書(か)きましょう。

1. 春 に なると さくらが さきます。 ⇒〔春〕

2. 船 に乗(の)って 北(ほっ)かい道(どう)へ、行(い)きました。 ⇒〔船〕

3. きれいな けしきの 写 真を とりたいです。 ⇒〔写〕

4. 今日(きょう)は 風(かぜ)が 強 くて ぼうしが とびました。 ⇒〔強〕

5. 夏 休(やす)みに 海(うみ)へ 行(い)くつもりです。 ⇒〔夏〕

【3】 ねこが ふんでしまいました。漢字(かんじ)を きれいに 書(か)きなおしましょう。

1.

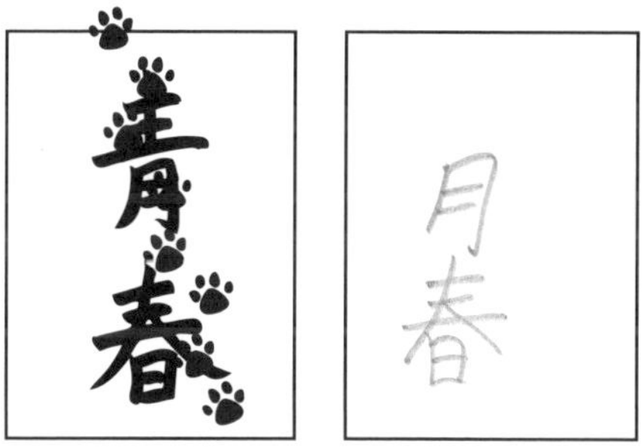

2.

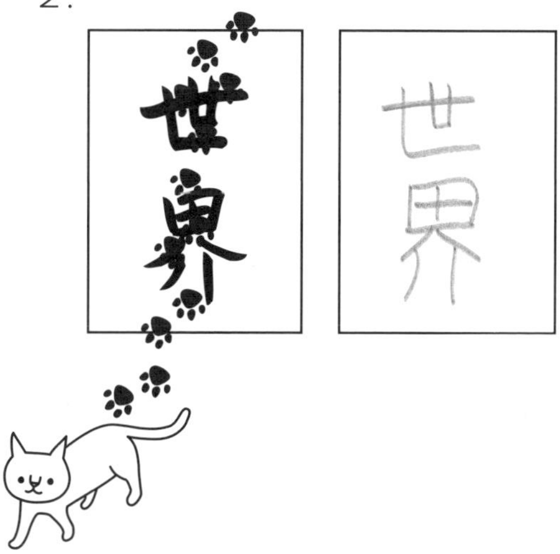

3.

8章(しょう)
学校(がっこう)

1　勉強(べんきょう)

漢字(かんじ)の　勉強(べんきょう)は　とても　大切(たいせつ)です。
たくさん　漢字(かんじ)を　おぼえれば　本(ほん)や　新聞(しんぶん)も　読(よ)めるように　なります。
宿題(しゅくだい)を　して　わからない　ところは　先生(せんせい)に　質問(しつもん)しましょう。

勉	漢	宿	題	質	問	教	室

勉 ベン 10 かく	勉	勉	勉	勉	勉	勉
	1 2	3 4 5 6	7	8	9	10

漢 カン 13 かく	漢	漢	漢	漢	漢	漢
	1 2 3	4 5 6	7 8 9	10 11	12	13

◆ 漢字を　読みましょう
(かんじ)　(よ)

① 毎日　５時間　日本語を　勉強します。
（まいにち　）（ごじかん　）（にほんご　）（べんきょう）

② 森川さんは　勉強家で　何でも　おしえてくれます。
（もりかわ　さん）（べんきょうか）（なん　でも）

③ 前田さんは　きん勉な　人です。 → diligent,
（まえだ　さん）（きんべん　な）（ひと　）

④ 冬までに　漢字を　二千　おぼえたいです。
（ふゆ）（かんじ　）（にせん　）

⑤ 病気のとき　漢方薬を　飲むと　元気になります。 → Chinese herbal medicine
（びょうき　）（かんぽうやく　）（の　む）（げんき　）

◆ 漢字を　書きましょう
(かんじ)　(か)

① べんきょう　（勉強　）　② べんきょうか（勉強家　）

③ きんべん　（きん 勉　）　④ かんじ　（漢字　）

⑤ かんすうじ　（漢数字　）　⑥ かんわじてん（漢　わじてん）

⑦ かんぽうやく（漢方薬　）

宿 やど -inn シュク 11かく ＊	宿	宿	宿	宿	宿	宿
	宀 (1–3)	宀 (4–5)	(6–7)	(8)	(9)	宿 (10–11)

題 ダイ 18かく	題	題	題	題	題	題
	(1–4)	(5–7)	是 (8–11)	(12–13)	(14–17)	題 (18)

◆ 漢字(かんじ)を　読(よ)みましょう

① 毎日　きちんと　宿題を　すると　日本語が　上手になります。
（まいにち　）（しゅくだい）　（にほんご　）（じょうず　）

② おんせんに　行って　すてきな　宿に　とまりました。
（いって）　（やど）→ lodging

③ 部屋が　広い　ホテルに　宿はく　しました。
（へや　）（ひろい）　（しゅく はく）

④ あなたが　一番　好きな　本の　題名を　おしえてください。
（いちばん）（す きな）（ほん）（だいめい）→ title

⑤ 今　話題の　映画は　何ですか。
（いま）（わだい）（えいが　）（なん　）
topic, subject

◆ 漢字(かんじ)を　書(か)きましょう

① やど　（宿　）　② しゅくだい　（宿題　）

③ しゅくはく　（宿　はく）　④ がっしゅく　（合宿　）→ lodging together

⑤ しんじゅくえき（新宿駅　）　⑥ だいめい　（題名　）

⑦ わだい　（話題　）

質　シツ 15かく　＊	質	質	質	質	質	質

問　と-う と-い モン 11かく　＊	問	問	問	問	問	問

◆ 漢字を　読みましょう
かんじ　よ

① むずかしい　問題は　先生に　質問します。
（もんだい　）（せんせい　）（しつもん　）

② てつは　電気を　通す　せい質が　あります。
（てんき　）（とお す）（せいしつ　）

③ つぎの　文を　読んで　後の　問いに　こたえてください。
（ぶん）（よ　んで）（あと　）（と　い）

④ 会社を　ほう問する　ときは　先に　電話を　したほうがいいです。
（かいしゃ）（ほうもん　）（さき　に）（でんわ　）

⑤ わからないことが　あったら　電話や　メールで　問い合わせてください。
（でんわ　）（とい あ わせて）

◆ 漢字を　書きましょう
かんじ　か

① しつもん　（質問　）　② せいしつ　（せい　質　）

③ といにこたえる　（問　い）　④ い見をとう　（問　う）
けん

⑤ もんだい　（問題　）　⑥ もんだいしゅう（問題　しゅう）

⑦ しゃかいもんだい（社会問題　）　⑧ がくもん　（学問　）

教 おし－える おそ－わる キョウ	教	教	教	教	教	教
11 かく		考	考	孝	教	教

室 シツ	室	室	室	室	室	室
9 かく ＊	宀	宀	宀	室	室	室

◆ 漢字(かんじ)を　読(よ)みましょう

① アルバイトで　日本人に　英語を　教えています。
（　　　　）（　　　　）（　　えて）

② 石川先生に　１年間　日本語を　教わりました。
（　　　　）（　　　　）（　　　　）（　　わりました）

③ 大学院で　教育問題について　研究しようと　思っています。
（　　　　）（　　　　）（　　　　）（　　って）

④ 学校の　教室は　広くて　とても　きれいです。
（　　　　）（　　　　）（　　くて）

⑤ 外は　とても　暑いですが　室内は　すずしくて　気持ちがいいです。
（　　　　）（　　い）（　　　　）（　　ち）

◆ 漢字(かんじ)を　書(か)きましょう

① 英語(えいご)をおしえる（　　　える）　② 日本語(にほんご)をおそわる（　　　わる）

③ きょういく（　　　　）　④ きょうしつ（　　　　）

⑤ きょうかしょ（　　　　）　⑥ ぶっきょう（　　　　）

⑦ きょうじゅ（　　　　）　⑧ けんきゅうしつ（　　　　）

ふくしゅう

【1】漢字(かんじ)を　読(よ)みましょう。

1. 室内は　すずしくて　気持(きも)ちがいいです。
2. 明日(あした)は　二社(にしゃ)　ほう問する　よていです。
3. 1年間(ねんかん)　おなじ先生(せんせい)に　日本語(にほんご)を　教わりました。
4. この　問いは　どういう　い味(み)ですか。
5. 今日(きょう)の　宿題は　少(すこ)し　むずかしいです。
6. かぜを　ひいたときは　漢方薬を　飲(の)みます。
7. 田中(たなか)さんは　きん勉な　人(ひと)です。
8. 夏休(なつやす)みは　ずっと　大学院(だいがくいん)の　研究室に　いました。
9. 新宿には　東京都(とうきょうと)ちょうが　あります。
10. 「5」は　漢数字で　「五(ご)」と　書(か)きます。

1	しつない
2	ほうもん
3	おそわりました
4	とい
5	しゅくだい
6	かんぽうやく
7	きんべんな
8	けんきゅうしつ
9	しんじゅく
10	かんすうじ

【2】漢字(かんじ)を　書(か)きましょう。

1. きのう　見(み)た　映画(えいが)の　だいめいを　わすれてしまいました。
2. わからない　ところは　先生(せんせい)に　しつもんします。
3. この金(きん)ぞくの　せいしつを　しらべます。
4. きょうしつで　たばこを　すってはいけません。
5. 毎日(まいにち)　かんじを　十(じっ)こずつ　おぼえます。
6. 日本語(にほんご)の　べんきょうは　とても　楽(たの)しいです。
7. テストは　よく　もんだいを　読(よ)んでください。
8. やどから　きれいな　星(ほし)が　見(み)えました。
9. 日本語(にほんご)の　きょうかしょを　三(さん)さつ　買(か)いました。
10. アルバイトの　後(こう)はいに　しごとを　おしえました。

1	題名
2	質問
3	せい質
4	教室
5	漢字
6	勉強
7	問題
8	宿
9	教科書
10	教えました

8章(しょう) 学校(がっこう)

2 テスト

じ分(ぶん)の　力(ちから)を　試(ため)すために　テストを　します。
百(ひゃく)てんが　とれるように　勉強(べんきょう)しましょう。

実験ーじっけんーexperimena
体験ーたいけんーpersonal experiena
書道ーしょどうーcaligraphy
試食ーししょくーtasting food
試着ーしちゃくーtrying on clothes

実力ーじつりょく
ability, true strenght

試　験　答　考　正　丸　不　同

試　こころ－みる　ため－す　シ　13 かく	試
験　ケン　18 かく　＊	験

◆ 漢字(かんじ)を　読(よ)みましょう

① しっぱいしても　いいから　いろいろ　試みることが　大切です。
（　　　みる）（　　　）

② じつ力を　試すために　もぎ試験を　うけました。
（じつ　　　）（　　す）（もぎ　　　）

③ 試食した　ステーキが　とても　おいしかったので　牛肉を　買いました。
（　　　）（　　　）（　　いました）

④ 先日　サッカーの　試合を　見に　行きました。
（　　　）（　　　）（　　）（　きました）

⑤ 学校の　じゅぎょうで　書道を　体験しました。
（　　　）（　　　）（　　　）

◆ 漢字(かんじ)を　書(か)きましょう

① こころみる　（　　　みる）　② じつ力(りょく)をためす（　　　す）

③ しけん　（　　　）　④ ししょく　（　　　）

⑤ しちゃく　（　　　）　⑥ しあい　（　　　）

⑦ じっけん　（じっ　　　）　⑧ たいけん　（　　　）

答 こた-える こた-え トウ 12かく	答	答	答	答	答	答

考 かんが-える コウ 6かく	考	考	考	考	考	考

参考 さんこう reference consultation
プラス思考（しこう） positive thinking

◆ 漢字を　読みましょう
（かんじ）（よ）

① つぎの　問題に　答えてください。
（もんだい）（こた えて）

② テストに　答えを　書くときは　きれいに　書きましょう。
（こたえ）（か　く）　（か　きましょう）

③ かい答よう紙を　くばります。 → to distribute, to deliver
（かい とう　よう し）

④ 問題が　むずかしくて　いくら　考えても　わかりません。
（もんだい）　（かんが　えても）

⑤ レポートを　書くとき　何を　さん考にしますか。
（か　く）（なに）（さんこう）

◆ 漢字を　書きましょう
（かんじ）（か）

① 問題に（もんだい）こたえる（答　える）　② こたえ（答　え）

③ かいとう（かい答）　④ かんがえる（考　える）

⑤ かんがえかた（考　え方）　⑥ かんがえごと（考　えごと）

⑦ さんこうしりょう（さん考　し料）　⑧ プラスしこう（思考）

参考資料（さんこうしりょう）
reference data

正	ただ-しい セイ ショウ	正	正	正	正	正	正
5かく	＊	一	T	F	iF	正	

丸	まる-める まる-い まる ガン	丸	丸	丸	丸	丸	丸
3かく		ノ	九	丸			

◆ 漢字(かんじ)を　読(よ)みましょう

① 正しい　答えを　えらんで　丸を　書いてください。
（ただしい）（こたえ）（まる　）（かいて）

② 漢字の　かたちは　正かくに　おぼえましょう。
（かんじ　）　（せいかくに）

③ その丸くて　赤い　食べ物は　うめぼしです。
（まるくて）（あかい）（たべもの）

④ いらない　メモを　丸めて　ごみばこに　すてました。
（まるめて）

⑤ 私の　兄は　ほう丸なげの　せん手です。
（わたし）（あに）（ほうがんなげ）（せん　）

◆ 漢字(かんじ)を　書(か)きましょう

① ただしい　（正　しい）　② せいかくな日本語(にほんご)（　かくな）

③ せいかい　（正　かい）　④ しょうご　（正午　）

⑤ しょうがつ　（正月　）　⑥ まるいかお　（丸　い）

⑦ まるをつける　（丸　）　⑧ まるめる　（丸　める）

正かく(な) - accurate, punctual, exact
丸める - まるめる - to make round, to roll up
正午 - しょうご - noon, mid-day
正月 - しょうがつ -
ほう丸 - ほうがん - shell, shots
ほう丸投 - ほうがんなげ - shot put

correct, right, correct interpretation
正解

不　フ　4かく　＊	不　不　不　不　不　不
同　おな-じ　ドウ　6かく	同　同　同　同　同　同

不合格 - ふごうかく - failure, rejection (examination)
不思議 - wonder, miracle
不足 - shortage, deficiency

◆ 漢字を　読みましょう

① うちは　駅から　遠くて　不便です。
（えき）（とおくて）（ふべん）

② 勉強する　時間が　あまり　なかったので　明日の　テストが　不安です。
（べんきょう）（じかん）（あした）（ふあん）

③ うんどう不足は　体に　よくないです。
（うんどうぶそく）（からだ）

④ 私と　田中さんは　同じ　町に　住んでいます。
（わたし）（たなかさん）（おなじ）（まち）（すんで）

⑤ 先週の　マラソンで　小川さんと　私は　同時に　ゴールしました。
（せんしゅう）（おがわさん）（わたし）（どうじに）

不合 -
同時 - どうじ - simultaneous, same time
同級生 - どうきゅうせい classmate
合同 - ごうどう - union, combination, incorporation

◆ 漢字を　書きましょう

① ふべん　（不便）　② ふあん　（不安）

③ ふごうかく　（不合かく）　④ ふしぎな話　（不思ぎな）

⑤ おなじ　（同じ）　⑥ どうきゅうせい　（同きゅう生）

⑦ ごうどう　（合同）　⑧ どうじ　（同時）

不合格 - ふごうかく - failure, rejection (examination)

ふくしゅう

【１】漢字(かんじ)を　読(よ)みましょう。

1. つぎの　えを　さん考にして　こたえてください。
2. 友(とも)だちから　不思ぎな　話(はなし)を　聞(き)きました。
3. かい答よう紙は　ぜんぶで　四(よん)まい　あります。
4. 昼休(ひるやす)みは　正午から　１時間(じかん)です。
5. 問題(もんだい)が　終(お)わったら　じ分(ぶん)で　丸を　つけましょう。
6. いろいろ　試みましたが　この　方(ほう)ほうに　きめました。
7. 石川(いしかわ)さんと　同じ　中学校(ちゅうがっこう)を　そつぎょうしました。
8. 正しい　日本語(にほんご)の　使(つか)い方(かた)を　おぼえたいです。
9. 学校(がっこう)は　駅(えき)から　遠(とお)くて　不便です。
10. 体育(たいいく)の　じゅぎょうで　ほう丸なげを　しました。

1	さんこう
2	ふしぎな
3	かいとうようし
4	しょうご
5	まる
6	こころみました
7	おなじ
8	ただしい
9	ふべん
10	ほうがんなげ

【２】漢字(かんじ)を　書(か)きましょう。

1. 来年(らいねん)の　しょうがつは　くにへ　帰(かえ)るつもりです。
2. アルバイトの　めんせつは　ふごうかくでした。
3. こたえは　きれいに　書(か)いてください。
4. きまつしけんは　３日間(みっかかん)です。
5. せいかくに　発音(はつおん)することが　大切(たいせつ)です。
6. 野口(のぐち)さんは　プラスしこうで　とても　明(あか)るいです。
7. 私(わたし)は　山田(やまだ)さんと　どうきゅうせいです。
8. このテストで　じ分(ぶん)の　じつ力(りょく)を　ためしてください。
9. よく　かんがえて　大学(だいがく)を　きめてください。
10. 先生(せんせい)の　質問(しつもん)に　はっきり　こたえてください。

1	正月
2	不合格かく
3	答え
4	試験
5	正かくに
6	思考
7	同きゅう生
8	試して
9	考えて
10	答えて

8章 学校

3 社会科

政治、経済、歴史などの　科目を「社会科」といいます。
社会科を　勉強すると　世の中のことが　よく　わかります。

政　治　経　済　歴　史　国　王

政　セイ 9かく　＊	政	政	政	政	政
	1 2 3 4	正 5	6	7	政 8 / 政 9

治　おさ－める なお－る なお－す ジ チ 8かく　＊	治	治	治	治	治
	1 2 3	4	5	6	7 / 治 8

◆漢字を　読みましょう

①日本が　せい長するためには　政治が　しっかり　しなければなりません。
(　　)(　　)　(　　)

②日本政府が　今　やらなければならない　か題は　たくさん　あります。
(　　)(　　)　(　　)

③A大とうりょうは　3年間　くにを　治めています。
(　とうりょう)(さん　　)(　めて)

④早く　病気を　治して　元気になってください。
(　く)(　　)(　して)(　　)

⑤病気を　治りょうするのに　時間と　お金が　たくさん　かかります。
(　　)(　りょう)　(　　)(お　)

◆漢字を　書きましょう

①せいじ　(　　)　②せいじか　(　　)

③せいふ　(　　)　④くにをおさめる　(　める)

⑤病気がなおる(　る)　⑥かぜをなおす　(　す)

⑦ちりょう　(　りょう)　⑧けががかんちする(かん　)

経　へ-る　ケイ（to pass, to elapse, to stay） 11かく　＊	経	経	経	経	経	経
	1 2 3	4 5 6	7	8 9	10	11

済　す-む（to finish, to end） す-ます（to finish, to get it over with） サイ 11かく	済	済	済	済	済	済
	1 2 3	4 5	6	7 8	9 10	11

◆ 漢字を　読みましょう

かんじ　よ

① 長い　年月を　経て　やっと　日本へ　来ることができました。
（なが い）（ねんげつ）（へ て）（にほん）（く る）

② 大学で　経済の　勉強を　したいです。
（だいがく）（けいざい）（べんきょう）

③ 日本に　いる間　いろいろな　経験を　しました。（experience）
（にほん）（あいだ）（けいけん）

④ ようじが　済みましたから　今から　行きます。
（す みました）（いま）（いきます）

⑤ 学校で　宿題を　済ましてから　うちへ　帰ります。
（がっこう）（しゅくだい）（す まして）（かえ ります）

◆ 漢字を　書きましょう

かんじ　か

① 長い年月をへる（経　る）　② けいざい（経済）

③ けいけん（経験）　④ けいえい（経営）（management, administration）

⑤ 宿題がすむ（済　む）　⑥ 食事をすます（済　ます）

⑦ しゃっ金をへんさいする（へん済）

repayment, refund, reimbursement (of money)

返済

歴　レキ 14かく	歴	歴	歴	歴	歴

史　シ 5かく	史	史	史	史	史

◆ 漢字(かんじ)を　読(よ)みましょう

① 日本の　歴史に　きょうみが　あります。

（にほん　）（れきし　）

② 歴だいの　そう理大じんの　名前が　言えますか。

（れき　だい）（そうりだいじん）（なまえ　）（い　えますか）

③ 学歴は　とても　大切なので　大学院を　しゅうりょうしたいです。

（がくれき　）（たいせつ　）（だいがくいん　）

④ 高校で　世界史を　勉強しました。

（こうこう　）（せかいし　）（べんきょう　）

⑤ 大学院で　アメリカ史について　研究しようと　思っています。

（だいがくいん　）（アメリカし　）（けんきゅう）（おも　って）

◆ 漢字(かんじ)を　書(か)きましょう

① れきし　（歴史　）　② りれきしょ　（り歴書　）

③ がくれき　（学歴　）　④ にほんし　（日本史　）

⑤ せかいし　（世界史　）　⑥ とうようし　（東洋史　）

⑦ せいようし　（西洋史　）　⑧ しがく　（史学　）

国　くに　コク 8かく	国	国	国	国	国	国
	1 2	3	4 5	6	7	8

王　オウ 4かく	王	王	王	王	王	王
	1	2	3	4		

◆ 漢字(かんじ)を　読(よ)みましょう

① あなたの　国の　有名な　食べ物は　何ですか。
（くに　）（ゆうめいな）（たべもの　）（なん　）

② 日本では　国語の　じゅぎょうで　漢字を　勉強します。
（にほん）（こくご　）　（かんじ　）（べんきょう）

③ 医しゃに　なるためには　国家試験に　合かくしなければなりません。 → state exam
（いしゃ）　（こっかしけん）（ごう　かく）→ 合格 → success, passing (e.g. exam)

④ 来月　国王の　けっこんパーティーが　行われます。→ to perform, to be done
（らいげつ）（こくおう　）　（おこなわれます）

⑤ いつか　すてきな　王子様が　あらわれてほしいです。
（おうじさま　）

◆ 漢字(かんじ)を　書(か)きましょう

① こくご　（国語　）

② こくせき　（国　せき）

③ きこく　（帰国　）

④ がいこく　（外国　）

⑤ こくない　（国内　）

⑥ こっかを歌(うた)う　（国家　）

⑦ ちゅうごく　（中国　）

⑧ おうさま　（王様　）

internal, domestic　　nationality, citizenship

ふくしゅう

【1】漢字(かんじ)を　読(よ)みましょう。

1. 新(あたら)しい　国王が　たん生(じょう)しました。
2. 長(なが)く　つづいた　せんそうが　治まりました。
3. 私(わたし)は　中国史について　勉強(べんきょう)したいです。
4. 歴だいの　校長先生(こうちょうせんせい)は　女(じょ)せいです。
5. 国家試験に　合(ごう)かくして　医(い)しゃになりました。
6. 今日(きょう)の　５時(じ)の　便(びん)で　帰国します。
7. 病気(びょうき)の　治りょうに　３カ月(かげつ)　かかりました。
8. 長(なが)い　年月(ねんげつ)を　経て　ロボットが　かんせいしました。
9. りれき書(しょ)に　学歴を　書(か)きます。
10. このしごとが　済んだら　教(おし)えてください。

1	こくおう
2	おさ まりました
3	ちゅうごくし
4	れき だい
5	こっかしけん
6	きこく
7	ち りょう
8	へ て
9	がくれき
10	す んだら

【2】漢字(かんじ)を　書(か)きましょう。

1. 「はだかの　おうさま」という　話(はなし)を　知(し)っていますか。
2. 日本(にほん)の　けいざいについて　勉強(べんきょう)しようと　思(おも)っています。
3. かぜを　なおしてから　学校(がっこう)に　来(き)てください。
4. 私(わたし)の　くにでは　雪(ゆき)が　降(ふ)りません。
5. 日本(にほん)で　いろいろな　けいけんを　しました。
6. せいふは　ぜい金(きん)を　上(あ)げることを　きめました。
7. 先(さき)に　宿題(しゅくだい)を　すまして　あそびに　出(で)かけます。
8. 日本(にほん)の　れきしを　テレビで　勉強(べんきょう)しました。
9. A女王(じょおう)は　20年間(ねんかん)　国(くに)を　おさめました。
10. せいじかになって　世(よ)の中(なか)を　よくしたいです。

1	国様
2	経済
3	治 して
4	国
5	経験
6	政府
7	済 まして
8	歴史
9	治 めました
10	政治

8章(しょう) アチーブメントテスト

【1】漢字(かんじ)を 読(よ)みましょう。

1. 昨日(きのう) とまった <u>宿</u>は 食(しょく)じが とても おいしかったです。
　(やど)

2. よく <u>考えて</u>から 行動(こうどう)しないと しっぱいしてしまいます。
　(かんがえて)

3. その<u>丸くて</u> 赤(あか)い 食(た)べ物(もの)は 何(なん)ですか。
　(まるくて)

4. <u>漢方薬</u>を 飲(の)んだら ねつが 下(さ)がりました。
　(かんぽうやく)

5. うちの 近(ちか)くには コンビニが なくて <u>不便</u>です。
　(ふっべん)

6. 山川先生(やまかわせんせい)は 日本語(にほんご)を <u>教える</u>のが 上手(じょうず)です。
　(おぼえる)

7. インフルエンザが <u>治ったら</u> 学校(がっこう)に 来(き)てください。
　(なおったら)

8. 日本(にほん)で いろいろな <u>経験</u>を しました。
　(けいけん)

9. しごとが <u>済んだら</u> 電話(でんわ)をください。
　(すんだら)

10. テストで じ分(ぶん)の 力(ちから)を <u>試して</u>ください。
　(ためして)

personal experience, physical experience

【2】漢字(かんじ)を 書(か)きましょう。

1. べんきょうか (勉強家)	2. たいけん (体験)
3. どうじ (同時)	4. せいしつ (せい質)
5. がくもん (学問)	6. ししょく (試食)
7. わだい (話題)	8. こくおう (国王)
9. しつない (室内)	10. しょうがつ (正月)

indoor, inside the room

【3】文(ぶん)を　読(よ)んで　漢字(かんじ)を　読(よ)んだり　書(か)いたりしましょう。

私(わたし)は　日本語学校(にほんごがっこう)に　通(かよ)っています。学校(がっこう)には　いろいろな　①こくせきの　学生(がくせい)が　います。どのじゅぎょうも　おもしろいので　いつも　②きょうしつの　一番前(いちばんまえ)に　すわって　③べんきょうしています。べんきょうは　楽(たの)しいですが　とても　大(たい)へんです。特(とく)に　④漢字が　⑤正しく　おぼえられません。⑥しゅくだいも　毎日(まいにち)　たくさん　あります。⑦考えても　わからない　⑧問題が　あったら　つぎの　日(ひ)に　早(はや)く　学校(がっこう)へ　行(い)って　先生(せんせい)に　⑨しつもんします。先生(せんせい)は　ていねいに　⑩こたえを　⑪教えてくれます。もうすぐ　⑫しけんが　あります。合(ごう)かく　できるかどうか　⑬不安ですが　がんばります。

日本語(にほんご)の　勉強(べんきょう)のために　毎日(まいにち)　新聞(しんぶん)も　読(よ)んでいます。新聞(しんぶん)を　読(よ)むと　⑭政治について　理解(りかい)できるようになります。日本(にほん)の　テレビでも　いろいろな　ことばを　べんきょうします。日本(にほん)の　⑮れきしが　好(す)きなので　「時代(じだい)げき」が　大好(だいす)きです。さむらいの　ちょんまげが　かっこいいと　思(おも)います。

日本語(にほんご)が　上手(じょうず)になったら　大学(だいがく)に　入(はい)って　日本(にほん)の　⑯けいざいを　べんきょうしたいと　思(おも)っています。大学(だいがく)を　そつぎょうしたら　大学院(だいがくいん)へ　行(い)くか　⑰帰国するか　まだ　きめていません。私(わたし)の　⑱国では　⑲学歴が　とても　大切(たいせつ)なので　大学院(だいがくいん)で　研究(けんきゅう)するのが　いいと　思(おも)います。帰国(きこく)して　父(ちち)と　⑳おなじ　会社(かいしゃ)で　働(はたら)くのも　いいかもしれません。これから　ゆっくり　考えます。

① 国せき	② 教室	③ 勉強	④ かんじ
⑤ ただしく	⑥ 宿題	⑦ かんがえても	⑧ もんだい
⑨ 質問	⑩ 答え	⑪ おしえて	⑫ 試験
⑬ ふあん	⑭ せいじ	⑮ 歴史	⑯ 経済
⑰ きこく	⑱ くに	⑲ がくれき	⑳ 同じ

８章(しょう)　クイズ

【1】①～⑩の　読(よ)み方(かた)を　書(か)いてください。

きまつ①試験

②かい答よう紙

③じゅ験番号（　　　　　　）　名前(なまえ)＿＿＿＿＿＿＿＿

◆ ④正しい　⑤答えに　一つ(ひと)　⑥丸を　つけてください。
◆ ⑦質問が　ある人(ひと)は　手(て)を　あげてください。

⑧問題Ⅰ）＿＿＿＿の読(よ)み方(かた)と　⑨同じ　⑩漢字を　えらんでください。

1）日本語(にほんご)がっこうに　かよっています。
a. わたしの　弟(おとうと)は　こうこう生です。
b. この本(ほん)を　さんこうに　してください。
c. うちの　近(ちか)くに　こうじょうが　あります。
d. こうちょう先生(せんせい)の　話(はなし)を　聞(き)きます。

① しけん	② かいとうようかみ	③ じゅけんばんごう	④ ただしい
⑤ こたえ	⑥ まる	⑦ しつもん	⑧ もんだい
⑨ おなじ	⑩ かんじ		

【2】新聞の　ことばです。①～⑦の　漢字を　正しく　書いてください。

①②家　夜のつきあい
止まらない!?　中③の④済せい長
⑤強しない子どもがふえている
⑥きゅう生とけっこん
学⑦社会の世の中

①	②	③	④	⑤	⑥	⑦
政	治	国	経	勉	同	歴

【3】学校の　ルールです。まちがえている　漢字が　一つずつ　あります。
正しい　漢字を　書いてください。

1. 数室の　中は　日本語だけで　話しましょう。
2. 宿題は　毎日　出しましょう。
3. 質閒が　あったら　先生に　すぐ　聞きましょう。
4. 新聞や　ニュースを　見て　日本の　経済に　きょうみを　持ちましょう。
5. ちがう国の　友だちを　たくさん　作りましょう。

1. 教　2. 宿　3. 問　4. 済　5. 国

9章 休みの日

1 運動

休み(やす)の日(ひ)　みなさんは　何(なに)を　しますか。
健康(けんこう)のために　歩(ある)いたり　走(はし)ったり・・・　運動(うんどう)すると　いいですよ。

運　動　練　習　走　歩　泳　才

運　はこ-ぶ／ウン　12かく	運	運	運	運	運	運
動　うご-く／うご-かす／ドウ　11かく	動	動	動	動	動	動

◆ 漢字(かんじ)を　読(よ)みましょう

① この荷物を　教室まで　運んでもらえますか。
（にもつ　）（きょうしつ　）（はこ　んで）

② 車の　運てんが　できるようになりたいです。
（くるま　）（うん　てん）

③ 天気が　いい　日に　運動するのは　気持ちがいいです。
（てんき　）（ひ）（うんどう　する）（きも　ち）

④ 日よう日　子どもと　動物園へ　行く　やくそくを　しています。
（にち　ようび）（こ　ども）（どうぶつえん　）（い　く）

⑤ 写真を　とるので　動かないでください。
（しゃしん　）　（うご　かないで）

◆ 漢字(かんじ)を　書(か)きましょう

① はこぶ　（運　ぶ）　② うんどう　（運動　）

③ うんてんしゅ　（運てん　）　④ うんがいい　（運　）

⑤ うごく　（動　く）　⑥ うごかす　（動　かす）

⑦ どうぶつ　（動物　）　⑧ どうさ　（動作　）

↓ action movement motion

練　ね-る　レン　14かく	練	練	練	練	練	練
	糸 (1, 2, 3)	糸 (4, 5, 6)	紵 (7, 8, 9)	紳 (10, 11)	綞 (12)	練 (13, 14)

習　なら-う　シュウ　11かく	習	習	習	習	習	習
	习 (1, 2, 3)	羽 (4, 5, 6)	羽 (7, 8)	習 (9)	習 (10)	習 (11)

◆ 漢字(かんじ)を　読(よ)みましょう

① CDを　聞いて　発音の　練習を　しています。
（き　いて）（はつおん）（れんしゅう）

② ぼうさいの日に　ひなんくん練を　しました。
（ひ）（ひなんくん れん）

③ 一人ぐらしを　始める　前に　母から　料理を　習いました。
（ひとり）（はじ　める）（まえ）（はは）（りょうり）（なら いました）

④ 今日　勉強した　ところを　よく　ふく習して　おいてください。
（きょう）（べんきょう）（ふくしゅう）

⑤ 日本の　習かんに　もう　なれましたか。
（にほん）（しゅう　かん）

◆ 漢字(かんじ)を　書(か)きましょう

① れんしゅう　（練習）　② くんれん　（くん練）

③ 計画(けいかく)をねる　（練　る）　④ ならう　（習　う）

⑤ がくしゅう　（学習）　⑥ しゅうじ　（習字）

⑦ よしゅう　（よ習）　⑧ しゅうかん　（習　かん）

走　はし-る　ソウ　7かく	走

歩　ある-く　ホ　8かく　*	歩

◆ 漢字(かんじ)を　読(よ)みましょう

① 新かんせんひかりは　時速　何キロで　走りますか。
（しん かんせん）　（じそく）（なんキロ）（はしりますか）

② 100 メートルきょう走で　ゆうしょうしました。
（きょうそう）

③ けんこうのために　父に　万歩計を　プレゼントしました。
（ちち）（まんぽけい）

④ 歩行しゃは　歩道を　歩きましょう。
（ほこう しゃ）（ほどう）（あるきましょう）

⑤ 父は　毎朝　公園を　さん歩します。
（ちち）（まいあさ）（こうえん）（さんぽ）

◆ 漢字(かんじ)を　書(か)きましょう

① はしる　（走　る）
② きょうそう　（きょう走）
③ そうしゃ　（走　しゃ）
④ あるく　（歩　く）
⑤ ほこうしゃてんごく（　しゃ　）
⑥ ほどう　（歩道）
⑦ まんぽけい　（万歩計）
⑧ さんぽ　（さん歩）

sidewalk

泳　およ-ぐ　エイ 8かく	泳	泳	泳	泳	泳	泳
	氵	氵	汀	泪	泬	泳

才　サイ　genius years old 3かく	才	才	才	才	才	才
	一	寸	才			

◆ 漢字(かんじ)を　読(よ)みましょう

① プールへ　泳ぎに　行きませんか。
（およ　ぎ）（い　きませんか）

② どちらかというと　泳ぐのは　にが手です。
（およ　ぐ）（にがて　）

③ 学校の　水泳大会で　ゆうしょうしました。
（がっこう　）（すいえいたいかい　）

④ 才のうが　ある人は　子どものころから　何か　ちがいます。
（さい　のう）（ひと　）（こ　ども）　（なに　か）

⑤ ピカソは　天才だと　言われています。
（てんさい　）（い　われて）

◆ 漢字(かんじ)を　書(か)きましょう

① およぐ　（泳　ぐ）　② およぎ　（泳　ぎ）

③ すいえい　（水泳　）　④ ひらおよぎ　（ひら泳　ぎ）

⑤ さいのう　（才　のう）　⑥ てんさい　（天才　）

⑦ さいじょ　（才女　）

ふくしゅう

【1】漢字(かんじ)を　読(よ)みましょう。

1. やっと　日本(にほん)の　習かんに　なれました。
2. この川(かわ)で　泳いではいけません。
3. スーツケースが　重(おも)くて　ぜんぜん　動きません。
4. 今年(ことし)は　父(ちち)の日(ひ)に　万歩計を　あげようと　思(おも)っています。
5. 小学生(しょうがくせい)のとき　水泳教室に　かよっていました。
6. どちらが　速(はや)いか　弟(おとうと)と　家(いえ)まで　きょう走しました。
7. 体(からだ)を　動かすのは　気持(きも)ちが　いいです。
8. 歩道に　自転車(じてんしゃ)を　止(と)めてはいけません。
9. 週(しゅう)に　一(いち)ど　日本料理(にほんりょうり)を　習っています。
10. 荷物(にもつ)を　運ぶのを　手伝(てつだ)ってください。

1	しゅうかん
2	およいで
3	うごきません
4	まんぽけい
5	すいえいきょうしつ
6	きょうそう
7	うごかす
8	ほどう
9	なって
10	はこぶ

【2】漢字(かんじ)を　書(か)きましょう。

1. 天気(てんき)が　いい日(ひ)は　できるだけ　うんどうしています。
2. あぶないですから　ろう下(か)を　はしらないでください。
3. 音楽(おんがく)を　聞(き)きながら　公園(こうえん)を　あるくのが　好(す)きです。
4. あの若(わか)い　ピアニストは　さいのうが　あります。
5. きのう　子(こ)どもを　どうぶつえんへ　つれて行(い)きました。
6. 毎日(まいにち)　学校(がっこう)で　発音(はつおん)の　れんしゅうを　しています。
7. 父(ちち)は　子(こ)どもの　ころから　およぎが　とくいです。
8. そ父(ふ)は　毎朝(まいあさ)　犬(いぬ)を　つれて　さんぽに　行(い)きます。
9. あそこに　立(た)っている人(ひと)が　社長(しゃちょう)の　うんてんしゅです。
10. 学校(がっこう)で　ひなんくんれんを　しました。

1	運動
2	走らないで
3	歩く
4	才のう
5	動物園
6	練習
7	泳ぎ
8	さん歩
9	運てん手
10	ひなんくん練

9章(しょう)
休みの日(やすみのひ)

2 リゾート

自然(しぜん)が　たくさん　ある　リゾートは　どこも　人気(にんき)が　あります。
長(なが)い　休(やす)みが　とれたら　リゾートへ　行(い)ってみましょう。
心(こころ)も　体(からだ)も　リラックスできますよ。

自 然 草 原 湖 谷 海 辺

自　ジ シ ６かく　＊	自	自	自	自	自	自
	自 (1)	自 (2)	自 (3)	自 (4)	自 (5)	自 (6)

然　ゼン ネン 12かく	然	然	然	然	然	然
	然 (1–4)	然 (5–8)	然 (9)	然 (10)	然 (11)	然 (12)

◆ 漢字を　読みましょう

① わからない　漢字は　自分で　しらべます。
（かんじ　）（じぶん）

② 年を　とったら　自然が　多い　いなかで　くらしたいです。
（とし　）　（しぜん）（おおい）

③ 自宅の　かぎを　おとしてしまいました。
（じたく）

④ 大学の　試験を　うけましたが　ぜん然　自しんが　ありません。
（だいがく　）（しけん　）　（ぜんぜん　）（じしん）

⑤ 地元の　会社が　作った　「天然水サイダー」が　人気です。
（じもと　）（かいしゃ）（つくった）（てんねんすい　サイダー）（にんき　）

◆ 漢字を　書きましょう

① じぶん　（自分　）　② じたく　（じ宅　）

③ じしん　（　自　しん）　④ じどうしゃ　（自動車　）

⑤ じしゅう　（自習　）　⑥ じりき　（自力　）
self study　one's own strength

⑦ てんねんきねんぶつ　（天然　きねん物）
natural monument

⑧ とうぜん　（当然　）

草　grass　くさ　ソウ　９かく	草	草	草	草	草	草
	1 2 3	4 5	6	7	8	9

原　field　はら　ゲン　10かく	原	原	原	原	原	原
	1 2	3 4 5	6 7	8	9	10

◆ 漢字を　読みましょう

①ぼく場の　牛が　草を　食べています。
（ぼくじょう）（うし　）（くさ　）（たべて）

②きれいな　草花で　ネックレスを　作りました。
（げんか　）　（つくりました）

③うまに　乗って　草原を　走るのが　好きです。
（のって）（そうげん　）（はしる）（すき）

④毎年　夏は　高原の　リゾートで　すごします。
（まいとし　）（なつ　）（こう げん　）

⑤ビールの　原料は　大麦です。
（げんりょう　）（おおむぎ）

◆ 漢字を　書きましょう　宿題

①くさ　（草　）　②くさばな　（草花　）

③かいそう　（かい草　）　④そうげん　（草原　）　grass covered plain

⑤げんさく　（原作　）　original work　⑥げんいん　（原　いん）　cause, origin

⑦げんりょう　（原料　）　raw materials,　⑧こうげん　（高原　）　table lang, plateau

湖　みずうみ　コ　(lake) 12かく	湖	湖	湖	湖	湖	湖
	氵	汁	沽	湖	湖	湖

谷　たに　コク　(valley) 7かく	谷	谷	谷	谷	谷	谷
	丷	父	㕣	谷	谷	谷

◆ 漢字(かんじ)を　読(よ)みましょう

① 日本で　一番　大きい　湖は　どこに　ありますか。
（にほん）（いちばん）（おおきい）（みずうみ）

② ふじ山の　すぐ　近くに　山中湖という　湖が　あります。
（ふじさん）　（ちかく）（やまなかこ）（うみずみ）

③ 湖上の　おしゃれな　レストランで　食事を　しました。
（こじょう）　（しょくじ）　(on the lake)

④ ふかい　谷を　よこに　見ながら　山道を　のぼりました。
（たに）　（みながら）（やまみち）さんどう

⑤ バスから　見る　けい谷の　け色は　すばらしかったです。
（みる）（けいこく）（けいろ）　(valley)

◆ 漢字(かんじ)を　書(か)きましょう　宿題

① みずうみ　（湖）　② こすい (lake)　（湖水）

③ やまなかこ　（山中湖）　④ たに　（谷）

⑤ たにま　（谷間）　⑥ たにがわ　（谷川）

⑦ けいこく (valley, ravine, canyon)　（けい谷）

海 うみ カイ 9かく	海	海	海	海	海	海
	1 2 3	4 5	6	7	8	9

sea

辺 べ あた－り ヘン 5かく	辺	辺	辺	辺	辺	辺
	1	2	3	4	5	

on the bank of, surrounding area, area, vicinity

◆ 漢字を　読みましょう

① 海と　山と　どちらが　好きですか。
（うみ）（やま）（す　きですか）

② 毎年　夏休みに　海外旅行を　します。
（まいとし）（なつやす　み）（かいがいりょこう）

③ ハネムーンに　行って　ハワイの　海辺を　二人で　歩きました。
（い　って）（かいべ）（ふたり）（ある　きました）

④ あの辺りは　むかしから　古い　うちが　多いです。
（あたり）（ふる　い）（おお　い）

⑤ この辺で　一休みしましょう。
（へん）（ひとやす　み）

short rest, breather, break

◆ 漢字を　書きましょう

宿題

① うみ　（海）　② かいがい　（海外）

③ にほんかい　（日本海）　④ うみべ　（海辺）

⑤ かわべ　（川辺）　⑥ あたり　（辺　り）

⑦ このへん　（辺）　⑧ きんぺん　（近辺）

neighbourhood

宿題

ふくしゅう

【1】漢字(かんじ)を　読(よ)みましょう。

1. 今年(ことし)は　海外より　国内旅行(こくないりょこう)のほうが　人気(にんき)が　あります。
2. この辺りに　ゆう便(びん)きょくが　ありますか。
3. 日本(にほん)カモシカは　国(くに)の　天然きねん物(ぶつ)です。
4. 草原に　きれいな　花(はな)が　さいていました。
5. 姉(あね)は　自分で　大学(だいがく)の　じゅぎょう料(りょう)を　はらっています。
6. テストを　うけましたが　ぜん然　できませんでした。
7. 湖上の　古(ふる)い　レストランで　食事(しょくじ)を　しました。
8. けんこうのために　毎日(まいにち)　海草を　食(た)べています。
9. つかれましたね。この辺で　一休(ひとやす)み　しませんか。
10. けい谷の　すばらしい　け色(しき)を　写真(しゃしん)に　とりました。

1	かいがい
2	あた　り
3	てんねん
4	そうげん
5	じぶん
6	ぜん ぜん
7	こじょう
8	うみしげん
9	かいそう
10	けい こく

【2】漢字(かんじ)を　書(か)きましょう。

1. コアラは　ユーカリの　くさしか　食(た)べません。
2. しぜんの　中(なか)で　キャンプを　するのが　好(す)きです。
3. こうげんの　リゾートホテルに　とまりました。
4. たにがわを　ながれる　水(みず)で　かおを　あらいました。
5. 東京駅(とうきょうえき)の　きんぺんに　新(あたら)しい　ビルが　できました。
6. 駅(えき)から　じたくまでの　地図(ちず)を　書(か)きました。
7. 日本酒(にほんしゅ)の　主(おも)な　げんりょうは　米(こめ)です。
8. 朝早(あさはや)く　一人(ひとり)で　うみべを　さん歩(ぽ)しました。
9. てんねんすいで　作(つく)った　ビールが　人気(にんき)です。
10. 冬(ふゆ)は　近(ちか)くの　みずうみで　アイススケートが　できます。

1	草
2	自然
3	高原
4	谷川
5	近辺
6	自宅
7	原料
8	海辺
9	天然水
10	湖

natural → water

9章 休みの日

3 いなか

日本では　長い　休みが　とれる　夏に　ふる里で　すごす人も　多いです。
都会では　見られない　自然が　たくさん　あります。

里	野	奥	池	虫	羽	鳴	馬

里　さと・リ　7かく	里	里	里	里	里	里
野　の・ヤ　11かく	野	野	野	野	野	野

country side / village

home town 古里 ─ ふるさと
village ─ 村里 ─ むらざと
human habitation 人里 ─ ひとざと
一里 ─ いちり
field ─ 野原 ─ のはら
野山 ─ のやま
里帰り ─ さとがえり
returning home

◆ 漢字(かんじ)を　読(よ)みましょう

① 正月は　ふる里に　帰って　ゆっくりしたいです。
（しょうがつ）（ふるさと）（かえって）

② さい近　大きな　くまが　村里の　近くまで　下りてきました。
（さいきん）（おおきな）（むらざと）（ちかく）（さがりて）

③「一里」は　やく　４キロメートル　です。
（いちり）

④ 子どもが　野原で　あそんでいます。
（こども）（のはら）

⑤ 東京ドームに　野きゅうを　見に　行きました。
（とうきょうドーム）（やきゅう）（みに）（いきました）

◆ 漢字(かんじ)を　書(か)きましょう

① さと（里）　② ふるさと（ふる里）

③ ひとざと（人里）　④ さとがえり（里帰り）

⑤ いちり（一里）　⑥ のやま（野山）

⑦ やきゅう（野きゅう）　⑧ やさい（野さい）

奥 おく 12かく ＊ (inner part, inside, depths)	奥	奥	奥	奥	奥
池 いけ チ 6かく (pond)	池	池	池	池	池

奥行き－depth
山奥－deep in the mountain
奥歯－おくば－back teeth
電池－でんち－battery cell
ちょ水池－reservoir

◆ 漢字を　読みましょう

①へやの　奥に　大きい　ソファーが　あります。
（おく）（おお　きい）

②奥様も　パーティーに　いらっしゃいますか。
（おくさま）

③この本だなは　高さが　90センチ　奥行きが　45センチ　あります。
（ほん　だな）（たか　さ）　（おくゆ　き）

奥池－おくち
→interior, backwoods

④にわの　池で　きれいな　金魚が　泳いでいます。
（いけ）　（きんぎょ）（およ　いで）

⑤じしんのとき　電池が　なくて　こまりました。
（でんち）

◆ 漢字を　書きましょう

①おく	（奥）	②おくち	（奥池）
③やまおく	（山奥）	④おくば	（奥　ば）
⑤いけ	（池）	⑥でんち	（電池）
⑦こいけさん	（小池　さん）	⑧ちょすいち	（ちょ水池）

虫　むし　チュウ ６かく	虫	虫	虫	虫	虫
	1	2	3	4	5　6

羽　はね ６かく　＊	羽	羽	羽	羽	羽
	1	2	3	4	5　6

◆ 漢字(かんじ)を　読(よ)みましょう

① 虫かごに　せみを　入れました。

（むし　かご）（い　れました）

② あまい　物を　たくさん　食べると　虫ばに　なりますよ。

（もの　）（た　べる）（むし　ば）

③ 男らしい　かれも　むかしは　なき虫でした。

（おとこ　）（なきむし　）

④ 朝早く　森へ　こん虫を　とりに　行きました。

（あさはや　く）（もり　）（こんちゅう）（い　きました）

⑤ 羽を　広げた　くじゃくは　とても　きれいです。

（はね）（ひろ　げた）

◆ 漢字(かんじ)を　書(か)きましょう

① むし　（虫　）　② けむし　（毛虫　）

③ むしば　（虫　ば）　④ こんちゅう　（こん虫　）

⑤ はね　（羽　）　⑥ はねだくうこう（羽田空　こう）

鳴 なｰく なｰる なｰらす メイ 14かく	鳴	鳴	鳴	鳴	鳴	鳴
	1–3	4–5	6–8	9–10	11	12–14

馬 うま バ 10かく ＊	馬	馬	馬	馬	馬	馬
	1–2	3	4–5	6	7	8–10

◆ 漢字を　読みましょう

① 毎朝　にわとりが　鳴く　声が　聞こえます。
（まいあさ　）　（なく）（こえ　）（きこえます）

② じゅぎょう中　けいたい電話が　鳴って　先生に　おこられました。
（じゅぎょうちゅう）　（でんわ　）（なって）（せんせい　）

③ 大みそかに　近くの　寺へ　行って　じょやの かねを　鳴らしました。
（おおみそか）（ちかく）（おてら）（いって）　（ならしました）

④ 北海道には　牛や　馬が　たくさんいます。
（ほかいどう）（うし　）（うま　）

⑤ となりの　部屋から　女の人の　ひ鳴が　聞こえました。
（へや）（おんなの ひと）（ひめい　）（きこえました）

◆ 漢字を　書きましょう

① ねこがなく　（鳴く）　② かねがなる　（鳴る）

③ ならす　（鳴らす）　④ うま　（馬）

⑤ たけうま　（竹馬）　⑥ けいば　（けい馬）

⑦ じょうば　（乗馬）　⑧ ばしゃ　（馬車）

宿題

ふくしゅう

【1】漢字(かんじ)を　読(よ)みましょう。

1. 家(いえ)の　外(そと)で　女(おんな)の人(ひと)の　ひ鳴が　聞(き)こえました。
2. 公園(こうえん)の　小(ちい)さな　池に　こいが　たくさん　います。
3. は医(い)しゃへ　行(い)ったら　虫ばが　二本(にほん)も　見(み)つかりました。
4. カラスが　羽を　ばさばさと　させて　とび立(た)ちました。
5. 山奥で　生(せい)かつするのは　不便(ふべん)です。
6. 野原に　白(しろ)くて　きれいな　花(はな)が　さいていました。
7. 友(とも)だちに　乗馬教室に　さそわれました。
8. うらの　さくらの　木(き)に　毛虫が　ついていました。
9. 町(まち)の　一番(いちばん)　奥に　古(ふる)い　教会(きょうかい)が　あります。
10. 野さいを　食(た)べなさいと　母(はは)は　いつも　言(い)います。

1	ひめい
2	いけ
3	むし　ば
4	はね
5	やまおく
6	のはら
7	じょうばきょうしつ
8	けむし
9	おく
10	や　さい

【2】漢字(かんじ)を　書(か)きましょう。

1. 目(め)ざまし時計(どけい)が　なっても　兄(あに)は　ぜん然(ぜん)　おきません。
2. うまに　乗(の)って　海辺(うみべ)を　さん歩(ぽ)したいです。
3. でんちが　切(き)れたので　ラジオが　聞(き)けません。
4. ふるさとの　写真(しゃしん)を　見(み)たら　帰(かえ)りたくなりました。
5. めずらしい　こんちゅうを　集(あつ)めるのが　好(す)きです。
6. いけで　あそぶのは　あぶないので　やめましょう。
7. このゆびわは　部長(ぶちょう)の　おくさまに　いただきました。
8. 姉(あね)の　子どもは　なきむしで　何(なに)か　あると　すぐ　なきます。
9. やきゅうと　サッカーと　どちらが　人気(にんき)が　ありますか。
10. 私(わたし)の　家(いえ)の　近(ちか)くに　けいばじょうが　あります。

1	鳴　って
2	馬
3	電池
4	ふる里
5	こん虫
6	池
7	奥山
8	なき虫
9	野　きゅう
10	けい馬場

race course, race track

9章(しょう)　アチーブメントテスト

【1】漢字(かんじ)を　読(よ)みましょう。

1. 日本料理(にほんりょうり)を　<u>習い</u>に　料理教室(りょうりきょうしつ)に　通(かよ)っています。
　　（なら い）

2. 小学生(しょうがくせい)のとき　よく　友(とも)だちと　<u>竹馬</u>で　あそびました。 — stilts
　　（たけうま　）

3. <u>歩行しゃ</u>に　気(き)をつけて　運(うん)てんしてください。
　　（ほこう しゃ）

4. 姉(あね)は　<u>自分</u>で　働(はたら)いて　大学(だいがく)の　じゅぎょう料(りょう)を　はらいました。
　　（じぶん　）

5. けんこうのために　毎日(まいにち)　<u>海草</u>を　食(た)べています。
　　（うみくさ　）

6. 日本酒(にほんしゅ)の　<u>原料</u>は　何(なん)ですか。
　　（げんりょう　）

7. <u>池</u>に　大(おお)きな　魚(さかな)が　たくさん　いました。
　　（いけ）

8. 校内(こうない)の　マラソン大会(たいかい)で　15 キロ　<u>走りました</u>。
　　（はし りました）

9. 九(きゅう)しゅうを　旅行(りょこう)したとき　<u>天然</u>おんせんに　入(はい)りました。
　　（てんねん　）

10. 大(おお)みそかに　じょ夜(や)の　かねを　<u>鳴らします</u>。
　　（な らします）

【2】漢字(かんじ)を　書(か)きましょう。

1. みずうみ	（湖　）	2. じょうば	（乗馬　）← horse riding
3. おくさま	（奥様　）	4. すいえい	（水泳　）
5. うみべ	（海辺　）	6. やきゅう	（野　きゅう）
7. うんどう	（運動　）	8. とうぜん	（当然　）
9. てんさい	（天才　）	10. れんしゅう	（練習　）

【3】文(ぶん)を　読(よ)んで　漢字(かんじ)を　読(よ)んだり　書(か)いたりしましょう。

秋休(あきやす)みの　ドライブ

９月(がつ)の　三(さん)れん休(きゅう)に　山(やま)なし県(けん)に　ある　①山中湖まで　友(とも)だちと　ドライブしました。②じたくから　車(くるま)で　３時間(じかん)ぐらい　かかりました。土日(どにち)じゃなかったので　道(みち)は　すいていましたが　高速(こうそく)どうろの　入口(いりぐち)③あたりで　少(すこ)し　こみました。

車(くるま)で　山(やま)を　のぼっている　ときに　④けい谷が　見(み)えました。その⑤たにを　⑥あるいている　人(ひと)も　いました。けしきが　きれいだったので　そこに　車(くるま)を　止(と)めて　写真(しゃしん)を　とりました。

お昼(ひる)ごろ　山中湖に　着(つ)きました。山中湖は　山(やま)や　⑦高原も　近(ちか)くて　⑧しぜんが　ゆたかです。

ホテルに　チェックインした　後(あと)で　⑨みずうみの　よこの　⑩歩どうを　⑪さん歩　しました。めずらしい　⑫くさばなが　たくさん　さいていて　⑬むしの　⑭鳴き声が　聞(き)こえました。私(わたし)は　⑮ふる里を　思(おも)い出(だ)して　なつかしい　気持(きも)ちになりました。

また　私(わたし)たちが　とまった　ホテルには　大(おお)きな　屋内(おくない)プールが　ありました。私(わたし)は　⑯走ったり⑰うんどうしたり　するのは　にが手(て)ですが　小学生(しょうがくせい)のとき　⑱すいえい教室(きょうしつ)に　通(かよ)っていたので　泳(およ)ぐのは　今(いま)でも　とくいです。その日(ひ)は　ゆっくり　プールで　すごしました。

つぎの日(ひ)　チェックアウトを　してから　⑲湖上の　レストランで　ランチを　しました。帰(かえ)り道(みち)に　近(ちか)くに　ある　ぼく場(じょう)にも　よりました。牛(うし)や　⑳うまが　たくさん　いました。そこで　食(た)べた　ソフトクリームが　とても　おいしかったです。また　山中湖に　あそびに　来(き)たいです。

① やまなかこ	② 自宅	③ 当　り	④ けい　こく
⑤ 谷	⑥ 歩　いて	⑦ こうげん	⑧ 自然
⑨ 湖	⑩ ほ　どう	⑪ さん　ぽ	⑫ 草花
⑬ 虫	⑭ なきごえ	⑮ ふる　ざと	⑯ はしった
⑰ 運動	⑱ 水泳	⑲ こじょう	⑳ 馬

9章(しょう)　クイズ

【1】えを　見(み)て　漢字(かんじ)を　書(か)きましょう。

① 虫 かご　② 乗 馬　③ 鳥(とり)の 羽　④ 湖

⑤こん 虫　⑥ 野 原　⑦ 子どもが 走 る　⑧ 雲

【2】漢字(かんじ)を ［　　　］の中(なか)から えらんで □に 書(か)きましょう。

（ 早　~~毎~~　~~力~~　~~羽~~　~~予~~　~~東~~ ）

（れい） 牛(うし)が ［草］を 食(た)べています。

1. きのう 父(ちち)と キャッチボールの ［練］［習］をしました。

2. そこの 荷物(にもつ)を ［動］かしてください。

3. 中学生(ちゅうがくせい)のとき ［野］きゅう部(ぶ)に 入(はい)っていました。

4. 1年(ねん)に 一(いち)どは ［海］外旅行(がいりょこう)に 行(い)きたいです。

【3】公園(こうえん)の ルールです。①－⑥の 漢字(かんじ)の 読(よ)み方(かた)を 書(か)きましょう。

①運動公園 じむきょくから みなさまに おねがい

・ ②自然を 大切に！ キャンプは きん止です。
・ ③池の 中に 入らないで ください。
・ ④歩道を ⑤自てん車で ⑥走るのは やめましょう。
　あぶないです。

～～ ごきょう力 よろしくおねがいします ～～

① うんどう　② じぜん　③ いけ　④ ほどう　⑤ じてんしゃ　⑥ はしる

まとめテスト５～９章(しょう)

【1】漢字(かんじ)を　読(よ)みましょう。

1. 先月(せんげつ)　おきなわで　スキューバダイビングを　体験しました。
（たいけん）

2. ホテルと　旅館は　何(なに)が　ちがいますか。
（りょかん）

3. けがが　治ったら　また　試合(しあい)に　出(で)たいです。
（なおったら）

4. きのうの　夜(よる)から　寒気が　します。
（かんき）

5. 待ち合わせの　時間(じかん)に　だいぶ　遅(おく)れてしまいました。
（まちあわせ）

6. 新(あたら)しい　クラスで　使(つか)う　教科書を　買(か)いに　行(い)きました。
（きょかしょ）

7. 私(わたし)に　合(あ)う　漢方薬を　作(つく)ってもらいました。
（かんぽうやく）

8. 雨(あめ)が　降(ふ)ったら　明日(あした)の　試合(しあい)は　中止です。
（ちゅうし）

9. すみません。これ　試着してもいいですか。
（しちゃく）

10. 帰国する　友(とも)だちを　空(くう)こうまで　見送(みおく)りに　行(い)きました。
（きこく）

【2】漢字(かんじ)を　書(か)きましょう。

1. うんどう（運動）　2. せいじ（政治）

3. いがく（医学）　4. しつもん（質　門）

5. しゅくだい（宿題）　6. しけん（試験）

7. びょういん（病院）　8. こころぼそい（心低い）心細い

9. けんきゅう（研究）　10. しぜん（自然）

【3】文(ぶん)を　読(よ)んで　漢字(かんじ)を　読(よ)んだり　書(か)いたりしましょう。

大学生(だいがくせい)かつ

①去年の　②はる　京都(きょうと)の　大学(だいがく)に　③合かくして　一人(ひとり)ぐらしを　始(はじ)めました。はじめは　さびしかったですが　すぐに　友(とも)だちが　できました。私(わたし)が　入(はい)った　④けいざいがくぶには　⑤数学や　⑥かがくが　とくいな　友(とも)だちが　多(おお)いので　ときどき　⑦きょうしつで　いっしょに　⑧勉強したり　わからない　⑨もんだいを　教(おし)えてもらったり　します。

じゅぎょうが　終(お)わると　よく　みんなで　カラオケに　行(い)きます。私(わたし)は　⑩おさけは　あまり　⑪強くないですが　ビールを　飲(の)みながら　⑫大声で　⑬うたうのは　とても　⑭楽しいです。ときどき　ちがう　大学(だいがく)の　友(とも)だちも　よんで　合(ごう)コンも　します。

先週(せんしゅう)から　大学(だいがく)は　夏休(なつやす)みに　入(はい)りました。⑮おなじ　クラスの　友(とも)だちと　⑯自てん車で　日本(にほん)ぜん国(こく)を　⑰旅する　⑱けいかくを　立(た)てました。いろいろな人(ひと)と　⑲知り合いになる　チャンスなので　今(いま)から　楽しみです。旅行(りょこう)から　帰(かえ)ったら　お気(き)に入(い)りの　⑳しゃしんを　ブログに　のせたいと　思(おも)います。

① きょねん	② 春	③ ごうかく	④ 経済学部
⑤ おうがく	⑥ 化学	⑦ 教室	⑧ べんきょう
⑨ 問題	⑩ お酒	⑪ つよく	⑫ おおごえ
⑬ 歌う	⑭ たのしい	⑮ 同じ	⑯ じてんしゃ
⑰ たび	⑱ 計画	⑲ しりあい	⑳ 写真

部首(ぶしゅ)について

漢字(かんじ)を作(つく)っている部分(ぶぶん)を「部首(ぶしゅ)」といいます。部首(ぶしゅ)には、「へん・つくり・かんむり・あし・たれ・にょう・かまえ」から作(つく)られています。

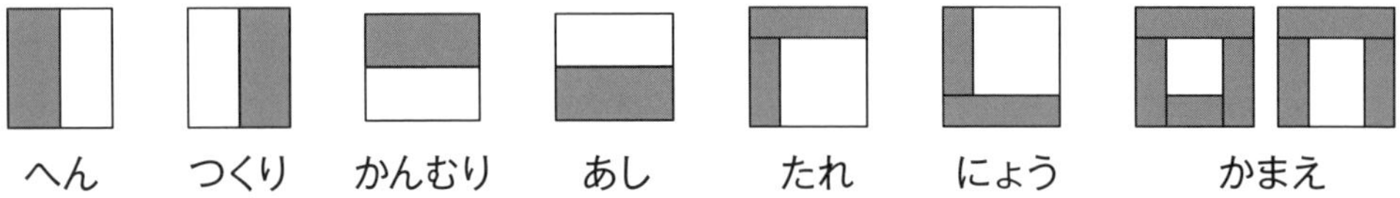

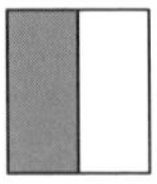

へん

人	にんべん	体　休　低　働　作　便　使　住
氵	さんずい	洋　酒　油　漢　治　済　海　泳　池　湖　治
言	ごんべん	読　話　語　試
糸	いとへん	終　緑　紙　細　経　練
木	きへん	校　林　様　村

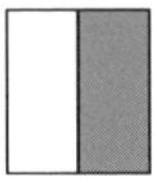

つくり

力	ちから	動

かんむり

宀	うかんむり	字　家　客　宅　室　宿
艹	くさかんむり	花　草　茶　荷　薬　英　若
竹	たけかんむり	答
雨	あめかんむり	電　雲　雪

あし

心	こころ	急　思

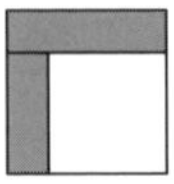

たれ

广	まだれ	広　店　府

にょう

之	しんにょう	近　遠　送　速　遅　道　週　通　運　辺

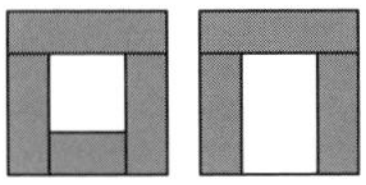

かまえ

口	くにがまえ	図　園　国
門	もんがまえ	門　聞　間　開　閉　問

そのほかの　読み方

章	ページ	かん字	読み
1	7	家	ケ
1	8	弟	デ
1	10	私	わたくし
1	10	育	はぐく-む
1	14	広	ひろ-まる
1	14	広	ひろ-める
1	14	低	ひく-まる
1	14	低	ひく-める
1	15	緑	ロク
1	15	静	しず
1	15	静	しず-まる
1	15	静	しず-める
1	15	静	ジョウ
1	16	遠	オン
1	19	会	エ
1	19	社	やしろ
1	21	工	ク
2	30	親	した-しむ
2	30	切	き-れる
2	30	切	サイ
2	35	利	き-く
2	37	白	しら
2	37	白	ビャク
2	43	後	のち
2	43	後	おく-れる
2	44	早	はや-まる
2	44	早	はや-める
2	44	早	サッ
3	51	荷	カ
3	53	速	はや-まる
3	53	速	はや-める
3	53	速	すみ-やか
3	53	遅	おく-らす
3	54	重	え
3	54	重	チョウ
3	57	住	す-まう
3	58	主	ス
3	63	都	ツ
3	64	道	トウ
4	74	映	は-える
4	75	図	はか-る
4	75	館	やかた
4	76	園	その
4	82	有	あ-る
4	82	有	ウ
4	87	糸	シ
4	88	玉	ギョク
5	99	開	ひら-ける
5	99	閉	と-ざす
5	100	着	き-せる
5	100	着	つ-ける
5	100	着	ジャク
5	103	交	か-う
5	103	交	か-わす
5	103	通	とお-す
5	103	通	ツ
5	105	色	シキ
5	105	赤	あか-らむ
5	105	赤	あか-らめる
5	105	赤	シャク
5	106	黄	こ
5	106	黄	コウ
5	106	青	ショウ
5	109	病	や-む

そのほかの　読み方

章	ページ	かん字	読み
5	109	病	やまい
5	109	病	ヘイ
5	112	合	カッ
5	112	計	はか - らう
6	119	研	と - ぐ
6	119	究	きわ - める
6	120	語	かた - らう
6	120	文	ふみ
6	121	化	ば - ける
6	121	化	ば - かす
6	122	数	ス
6	125	若	も - しくは
6	125	若	ジャク
6	125	若	ニャク
6	125	集	つど - う
6	127	声	こわ
6	127	声	ショウ
6	132	太	タ
6	132	細	ほそ - る
6	132	細	こま - か
6	134	麦	バク
7	141	夏	ゲ
7	143	星	ショウ
7	147	天	あま
7	147	天	あめ
7	147	晴	は - らす
7	148	風	かざ
7	148	風	フ
7	149	強	し - いる
7	149	強	ゴ
7	156	船	ふな
8	164	宿	やど - る
8	164	宿	やど - す
8	165	質	シチ
8	165	質	チ
8	165	問	とん
8	166	室	むろ
8	169	験	ゲン
8	171	正	ただ - す
8	171	正	まさ
8	172	不	ブ
8	175	政	まつりごと
8	175	政	ショウ
8	175	治	おさ - まる
8	176	経	キョウ
9	187	歩	ブ
9	187	歩	フ
9	187	歩	あゆ - む
9	191	自	みずか - ら
9	198	奥	オウ
9	199	羽	ウ
9	199	羽	は
9	200	馬	ま

索引(さくいん)

解答
かいとう

●1章 -1

P7 ①いえ ②いっかい おおやさん ③しょうらい まんがか ④やまださん なんにん かぞく ⑤やすみのひ ともだち すいぞくかん いきます

①家 ②大家 ③家ちん ④せいじ家 ⑤さっ家 ⑥家族 ⑦一族

P8 ①さんさい としうえ あに ②おとうと ことし ちゅうがくせい ③いえ きょうだい ④あに としした ⑤おとうと だいがくせい

①兄 ②父兄 ③ぎ兄 ④兄弟 ⑤弟 ⑥ぎ弟

P9 ①いちばんうえ あね りゅうがく ②いもうと いま じっさい ③いえ しまい ゆうめい ④あね こうこう せんせい ⑤さんにんしまい まんなか

①姉 ②姉 ③妹 ④姉妹 ⑤三人姉妹

P10 ①わたし いえ はな そだてて ②しりつ ちゅうがっこう ③そだつ まいにち みず ④きょう たいいく ⑤はは いくじ てつだって

①私 ②私立大学 ③育つ ④育てる ⑤子育て ⑥体育

P11 ふくしゅう

【1】1. きょうだい 2. いえ 3. おにいさん 4. いもうと 5. たいいく 6. おおやさん 7. そだちました 8. すいぞくかん 9. まんがか 10. あね

【2】1. 兄 2. 私立 3. 家 4. 育じ 5. 弟 6. 五人家族 7. お姉さん 8. 家ちん 9. 育てて 10. 姉妹

●1章 - 2

P13 ①がくぶ だいがく ②サッカーぶ ぶちょう ③わたし ほん いちぶ ④おくじょう ふじさん みえます ⑤わたし がっこう ごや

①ぶん学部 ②バレー部 ③部下 ④部長 ⑤本屋 ⑥花屋 ⑦屋ね ⑧屋上

P14 ①かわかみさん へや ひろくて ②たいそう ひろがって ③でんしゃ なか あし ひろげて ④わたし ひくい たかい ⑤こども がくりょく ていか

①広い ②広がる ③広げる ④広大な ⑤低い ⑥低下 ⑦低学年 ⑧高低

P15 ①みどりいろ き ②ごがつ みどり ③たべながら りょくちゃ のみます ④しずかに ⑤れいせいに こうどう

①緑 ②緑いろ ③緑茶 ④新緑 ⑤静かな ⑥れい静な ⑦静電気

P16 ①わたし いえ ちかく おおきな ②がっこう ちかみち ③あね さいきん いきました ④わたし いえ とおい ⑤わたし そぼ えんきん

①近い ②近づく ③近じょ ④さい近 ⑤近年 ⑥遠い ⑦遠足 ⑧ぼう遠きょう

P17 ふくしゅう

【1】1. ていか 2. ひろくて 3. ぼうえんきょう 4. ひろがりました 5. おくじょう 6. ていがくねん 7. さいきん 8. サッカーぶ 9. りょくちゃ 10. こうだいな

【2】1. 低くて 2. 部長 3. 広げないで 4. 静かに 5. 本屋 6. 遠くて 7. 新緑 8. ぶん学部 9. れい静 10. 近く

●1章 - 3

P19 ①やすみのひ ともだち あって いきました ②にゅうかい ③にほんじん ともだち かいわ じょうずに ④わたし ちち ぼうえきがいしゃ しゃちょう ⑤だいがく しゃかいじん

①会う ②入会 ③会話 ④大会 ⑤会社 ⑥入社しき ⑦本社 ⑧じん社

P20　①やまださん　はたらき　だいがく　②ろうどうじかん　③つくりました　④しょうせつ　ゆうめいな
さっか　かきました　⑤てんき　さくもつ　そだちません
①働く　②ろう働　③作る　④作しゃ　⑤名作　⑥作家　⑦作ぎょう
P21　①わたし　おとうと　こうがくぶ　がくせい　②スキーじょう　じんこう　③ともだち　ビールこう
じょう　けんがく　いきました　④パーティーかいじょう　さんかい　⑤ほんば
①人工　②工学部　③工作　④工じ　⑤広場　⑥工場　⑦出場　⑧会場
P22　①くじ　はじまります　②せんせい　ねんし
③しぎょうしき　がっこう　たいいくかん　おこないます　④おわって　⑤ともだち　のんで　しゅうでん
①始まる　②始める　③始ぎょうしき　④年始　⑤終わる　⑥終える　⑦終りょう　⑧終日
P23　ふくしゅう
【1】1. ねんし　2. しゃちょう　3. あいました　4. しゅうじつ　5. さっか　6. ほんば
7. しゅつじょう　8. かいじょう　9. さくもつ　10. こうじちゅう
【2】1. 工場　2. 会話　3. 作ぎょう　4. 働いて　5. 広場　6. 名作　7. 会社　8. 始めました
9. 終わったら　10. 作りました
P24　アチーブメントテスト（配点：【1】【2】は各2点、【3】は各3点）
【1】1. つくりました　2. まんがか　3. ぶちょう　4. あいたい　5. しまい　6. やちん
7. はじまります　8. かいしゃ　9. そだてて　10. しずかに
【2】1. 大家　2. 兄弟　3. 緑茶　4. 働く　5. 屋上　6. 遠足　7. 作家　8. 終わる
9. 工場　10. 体育
【3】①私　②かぞく　③あに　④妹　⑤会社　⑥はたらいて　⑦育てる　⑧こうがく　⑨ちかく
⑩工場　⑪バレーぶ　⑫しまい　⑬いえ　⑭遠い　⑮作ります　⑯緑　⑰しずか　⑱低い　⑲へや
⑳広くない
P26　クイズ
【1】①家族　②父　③母　④兄　⑤姉　⑥弟　⑦妹　⑧兄弟　⑨兄弟　⑩姉妹
【2】1. 広　2. 低　3. 静　4. 近　5. 始　6. 始
【3】1. 族　2. 姉　妹　3. 社　4. 働　5. 始　6. 部

●2章 -1
P29　①みせ　にんき　②てんいん　ききました　③ぎんこう　ほんてん
④おきゃくさん　てんない　あんない　⑤りょかっき／りょかくき
①店　②店いん　③本店　④し店　⑤きっさ店　⑥お客さん　⑦来客　⑧客間
P30　①なつやすみ　おや　りょこう　いきました　②いちばん　したしい　ともだち
③みせ　てんいん　しんせつ　④わたし　かぞく　りょうしん　あに　わたし　⑤にく　きって　いれて
①父親　②母親　③親子　④りょう親　⑤親友　⑥親切な　⑦切る　⑧切手
P31　①よんだ　ほん　ふるほんや　うりました　②あたらしい　うれました
③ばいてん　しんぶん　かいました　④め　あたって　⑤りょこう　あてました
①売る　②安売り　③売店　④当たる　⑤当てる　⑥べん当　⑦当日　⑧本当
P32　①おもいで　しなもの　②やすうり　かい　いきました　しなぎれ　③きんじょ　ゆうがた
しょくひん　やすく　④やまださん　はなしかた　じょうひんな　ひと　⑤にゅうがく　しょうひんけん
①品物　②品かず　③手品　④食品　⑤しょう品　⑥上品　⑦下品　⑧作品
P33　ふくしゅう
【1】1. あたったら　2. したしい　3. きります　4. みせ　5. しなかず　6. おきゃくさん
7. ばいてん　8. りょかっき／りょかくき　9. げひんな　10. てじな

【2】1. 売れました　2. べん当　3. 親子　4. 店いん　5. 親切な　6. 上品　7. 客間
8. 当てて　9. 親友　10. 切手

●2章－2

P35　①そふ　たより　きました　②なんでも　べんり
③ゆうびんきょく　きって　かって　てがみ　だしました　④あした　はちじ　びん　かえります
⑤やすみじかん　りよう　せんせい
①便り　②便利　③便き　④こうくう便　⑤便せん　⑥ゆう便きょく　⑦利よう　⑧利子
P36　①つかいかた　②たいし　らいにち　③しよう　しよう　④ぎんこう　とおい　つかいます
⑤にほん　きんメダル　ぎんメダル
①使う　②使い方　③大使　④使よう　⑤銀行　⑥銀いろ
P37　①ごじゅうえん　しろくろコピー　じゅうえん　②たんじょうび　しろい　かって
③はくちょう　きます　④ひがし　まっくろな　でて　⑤め　こくばん　じ　みえません
①白黒　②白い　③白鳥　④黒い　⑤黒こしょう　⑥まっ黒　⑦黒字　⑧黒ばん
P38　①かみ　はんぶん　きって　②ようし　ひゃくまい　かいました
③どようび　しんぶんし　だします　④おりがみ　どうぶつ　すき
①紙　②紙コップ　③紙ひこうき　④おり紙　⑤よう紙　⑥新聞紙
P39　ふくしゅう
【1】1. しろい　2. りし　3. ぎんメダル　4. べんり　5. くろじ　6. ゆうびんきょく
7. おりがみ　8. まっしろ　9. たより　10. ようし
【2】1. 黒ばん　2. 使よう　3. 紙ひこうき　4. 便　5. 利よう　6. 白鳥　7. 黒い
8. 新聞紙　9. 使い方　10. 銀行

●2章－3

P41　①きょう　あさ　なんじ　②ちょうしょく　ぎゅうにゅう　③はいって　あさひ　め
④さいきん　あさばん　⑤ばんごはん　たべませんか
①朝　②まい朝　③朝日　④朝食　⑤朝晩　⑥晩ごはん　⑦今晩
P42　①ひるやすみ　いきます　②ちゅうしょく　たべましたか　③よる　はちじ　かえりました
④ひとり　よみち　き　⑤はは　やしょく
①昼　②昼食　③夜　④夜みち　⑤夜中　⑥今夜　⑦しん夜　⑧夜食
P43　①まえ　ぎんこう　②なまえ　かいて　③ぜんごさゆう　き　④うしろ
⑤あと　ともだち　かいもの　いきます
①名前　②前後　③前半　④後半　⑤前後　⑥後ろ　⑦後
P44　①がっこう　ごぜん　くじ　ごご　よじ　②しょうご　ひるごはん　たべましょう
③じかん　はやくて　きて　④わたし　まいあさ　はやく　⑤そうちょう　がっこう　いきます
①午前　②午後　③午前中　④しょう午　⑤早い　⑥早く　⑦早口な　⑧早朝
P45　ふくしゅう
【1】1. こうはん　2. はやくち　3. ちゅうしょく　4. なまえ　5. こんや　6. ぜんごさゆう
7. ちょうしょく　8. しょうご　9. けさ　10. あと
【2】1. 後ろ　2. 夜食　3. 午前　4. 昼休み　5. 朝　6. 晩ごはん　7. 夜中　8. 早朝
9. 夜　10. 前
P46　アチーブメントテスト（配点：【1】【2】は各2点、【3】は各3点）
【1】1. したしく　2. あたったら　3. きりました　4. しなぎれ　5. じょうひんな　6. たより
7. ちゅうしょく　8. うりましょう　9. そうちょう　10. みせ

【2】1. 親子　2. 本店　3. 黒字　4. 新聞紙　5. 客間　6. 前後　7. 夜中　8. しょう午
9. 親友　10. 朝晩
【3】①まえ　②よみち　③品物　④昼休み　⑤おべんとう　⑥ひる　⑦お客さん　⑧りよう　⑨朝
⑩晩　⑪夜　⑫やしょく　⑬しろくろ　⑭銀行　⑮ふべん　⑯使う　⑰きって　⑱便利　⑲てんいん
⑳親切
P48　クイズ
【1】①しぶやてん　②まえ　③ちかくて　④べんり　⑤てんいん　⑥しんせつ　⑦しょうひん　⑧べんとう
⑨ごぜん　⑩ごご　⑪あさ　⑫はやい　⑬よる　⑭おきゃくさん　⑮はたらきましょう　⑯てんちょう
【2】1. 親　2. 店　3. 朝　4. 夜　5. 黒
【3】1. 自→白　2. 金→銀　3. 使→使　4. 晩→晩

●3章 -1
P51　①にもつ　②てにもつ　③おくって　④あめ　ともだち　おくりました
⑤ともだち　まえ　そうべつかい
①荷物　②手荷物　③送る　④送しん　⑤見送り　⑥送べつ会
P52　①やまだ　おたく　②じゅうたく　ゆうめいじん　いえ　③ともだち　たくはい
④じかん　いそいで　ひるごはん　たべます　⑤ちゅう　きゅうに
①帰宅　②じゅう宅　③お宅　④急いで　⑤急行　⑥急な　⑦きゅう急車
P53　①はやい　②あに　はやい　③じそく　だしては　④じかん　おくれて　⑤がっこう　ちこく
①速い　②速さ　③速度　④時速　⑤速たつ　⑥遅れる　⑦遅れる　⑧遅刻
P54　①きょう　なんまい　かさねて　②にもつ　おもい　かえります
③きょう　かいぎ　じゅうよう　おくれないで　④はじめました　ばんごはん　かるい
⑤あさ　からだ　かるく
①重なる　②重い　③体重　④軽い　⑤軽い　⑥軽い　⑦軽やか　⑧軽食
P55　ふくしゅう
【1】1. おもい　2. おくります　3. きゅうに　4. にもつ　5. かるく　6. ちこく　7. おたく
8. みおくり　9. はやい　10. いそいで
【2】1. 帰宅　2. 速たつ　3. 送べつ会　4. 重ねたら　5. 手荷物　6. 軽食　7. 急行
8. 体重　9. 送りましょう　10. 遅れて
●3章 - 2
P57　①わたし　がくせい　すんで　②じゅうたくがい　なか　おおきな
③わたし　たかい　ところ　すき　④へや　しょくじ　みたり　ところ　⑤なまえ　じゅうしょ　かいて
①住む　②住宅がい　③高い所　④住所　⑤場所　⑥何か所　⑦長所　⑧たん所
P58　①おきゃくさま　②さま　おさきに　③みせ　そと　なか　ようす　みます
④おとしもの　もちぬし　⑤はやかわ　ごしゅじん　あたらしく　ぶちょう
①田中様　②お客様　③様子　④もち主　⑤主に　⑥主な　⑦ご主人
P59　①いちばん　②こうばん　ぎんこう　いきかた　ききました　③きょう　とうばん　わたしたち
④ちか　しょくりょうひん　かいました　⑤ひと　じみな
①一番　②何番　③こう番　④当番　⑤地名　⑥地上　⑦番地　⑧地味な
P60　①でんわばんごう　②へや　なんごうしつ
③まいつき　よんでいる　じゅういちがつごう　かいました
①電話番号　② 101 号しつ　③しん号　④年号　⑤号外

P61　ふくしゅう
【1】1. いちばん　2. じゅうたくがい　3. ねんごう　4. ばしょ　5. しゅじん　6. すんで
7. おきゃくさま　8. じみ　9. ところ　10. ようす
【2】1. もち主　2. 電話番号　3. 長所　4. 地下　5. 12月号　6. 住所　7. 主に　8. 当番
9. 様　10. 地名
●3章－3
P63　①とうきょう　じんこう　まんにん　②けいひん　こうじょう　ゆうめい
③ちほう　じょうきょう　ねん　④とうきょうと　にほん　しゅと　⑤とかい　せいかつ
①東京　②京都　③京ひん　④都内　⑤都会　⑥都
P64　①みち　くるま　き　②いえ　まえ　みち　こども　③わたし　ほっかいどう　すんで
④おおさかふ　にしにほん　ちゅうしん　⑤うしろ　ふ　ところ　おおさか　きょうと
①道　②道ろ　③北かい道　④道ぐ　⑤大さか府　⑥京都府
P65　①にほん　よんじゅうさん　けん　②わたし　やまぐちけん　うまれ　③しやくしょ　いって
てつづき　④にちようび　あたらしい　しちょう　⑤あさいち　いく　あたらしい　やすく　かう
①山口県　②青森県　③岩手県　④市場　⑤市やく所　⑥市内　⑦一都一道二府四十三県
P66　①とうきょうと　く　②こども　すんで　くない　がっこう　いって　③みち　く
④むら　ひと　くるま　とかい　すくない　⑤しちょうそん　あたらしい　し
①二十三区　②区長　③区内　④村　⑤村長　⑥市町村
P67　ふくしゅう
【1】1. とうきょう　2. ほっかいどう　3. くない　4. きょうと　5. むら　6. いちば　7. しゅと
8. なにけん　9. しない　10. ふ
【2】1. 道ろ　2. 市やく所　3. 上京　4. 一都一道二府四十三県　5. 村　6. 東京都　7. 区長
8. 都会　9. 道　10. 市町村
P68　アチーブメントテスト（配点：【1】【2】は各2点、【3】は各3点）
【1】1. きゅうこう　2. おきゃくさま　3. そうしん　4. かさねて　5. はやい　6. とかい　7. ばしょ
8. そくたつ　9. みおくり　10. しゅじん
【2】1. 長所　2. 地上　3. 軽食　4. 送べつ会　5. 遅こく　6. 時速　7. 様子　8. 号外
9. 都内　10. 朝市
【3】①荷物　②送る　③たくはいびん　④急いで　⑤おくれる　⑥帰宅　⑦遅い　⑧住んでいる
⑨くない　⑩しない　⑪ほっかいどう　⑫所　⑬住所　⑭番地　⑮なんごうしつ　⑯きゅうな
⑰電話番号　⑱重い　⑲軽い　⑳一番
P70　クイズ
【2】1. 急　2. 速　3. 地　地　4. 長　所
【3】1. 遅　2. 所　3. 送　4. 重　5. 道
【4】①客様　②番号　③様　④住所　⑤区　⑥番　⑦遅

●4章－1
P73　①きょねん　まいにち　にっき　②まいとし　そぼ　たんじょうび　かぞく
③まいしゅう　きんようび　④かのじょ　いっしゅうかん　あえて
⑤こんど　しゅうまつ　ともだち　かいもの　いきます
①毎日　②毎年　③毎回　④毎週　⑤週休　⑥二週間　⑦週末　⑧来週
P74　①ともだち　うつって　②うつして　みせます　③こいびと　えいが　みに　いきました
④ゆうめいな　がか　⑤らいしゅう　りょこう　けいかく　たてました

①映る　②映す　③映画　④画家　⑤画めん　⑥まん画　⑦画すう　⑧けい画

P75　①とちゅう　くるま　ちず　みます　②ずがこうさく　③おわったら　としょかん

④ちかく　おおきい　えいがかん　⑤あす　ごぜんちゅう　たいしかん　いく

①地図　②図画工作　③図かん　④図書館　⑤りょ館　⑥映画館　⑦大使館　⑧はく物館

P76　①ゆうめいじん　ふたり　おおやけ　②わたし　こうりつ　がっこう

③さいきん　こうし　まいにち　おくって　④しゅじんこう　いま　にんき

⑤こうえん　いぬ　いきました

①公　②公立　③主人公　④公開　⑤公園　⑥ゆう園地　⑦どう物園　⑧ようち園

P78　ふくしゅう

【1】1. けいかく　2. おおやけ　3. うつして　4. まんが　5. こんちゅうずかん　6. こうし

7. まいかい　8. たいしかん　9. にしゅうかん　10. どうぶつえん

【2】1. 映って　2. 地図　3. 公園　4. 図書館　5. りょ館　6. ようち園　7. 画家

8. 週まつ　9. 毎日　10. 映画

●4章－2

P79　①ごねんまえ　おっと　であい　②ぶちょうごふさい　③やすみのひ　ふうふ　つくります

④けっこんきねんび　つま　⑤かいしゃ　ゆうめい　あいさいか

①夫　②田中夫妻　③夫ふ　④夫人　⑤妻　⑥妻子　⑦あい妻家

P80　①とくに　②きょう　とくべつ　③はじめよう　おもって

④いった　ふじさん　おもいで　⑤じぶん　いし　りゅうがく

①特べつ　②特売　③特に　④特急　⑤思う　⑥思い　⑦思い出　⑧思しゅんき

P81　①りょうきん　さきに　②しょくりょう　かいます　③きゅうりょう　④つま　つくる　りょうり

⑤わたし　りけい　こくりつだいがく　はいりたい

①料金　②食料　③む料　④し料　⑤料理　⑥理ゆう　⑦物理　⑧理けい

P82　①ゆうめいな　かのじょ　②ゆうりょくな　③ゆうりょう　ちゅうしゃじょう

①有料　②有名人　③有力　④有利

P83　ふくしゅう

【1】1. おっと　2. ふさい　3. とくべつ　4. あいさいか　5. おもって　6. いし

7. とっきゅうでんしゃ　8. むりょう　9. ゆうりょくな　10. りけい

【2】1. きゅう料　2. 夫ふ　3. 有名人　4. 物理　5. 料金　6. 思い出します　7. 料理

8. 特に　9. 妻　10. 夫人

●4章－3

P85　①せんもんがっこう　せいようりょうり　②かのじょ　ようがく　③こんど　ようふく　かいました

④いちど　わふく　⑤せいふく

①西洋　②東洋　③洋がく　④洋画　⑤せい服　⑥洋服　⑦わ服　⑧私服

P86　①いしょくじゅう　ひと　せいかつ　②いふく　③じゅうがつ　ころもがえ　④みじかい　じかん

⑤きむら　ひと　たんき

①衣食住　②衣服　③衣料品　④衣がえ　⑤短い　⑥短気　⑦短所　⑧長短

P87　①かみのけ　みじかく　きりました　②まゆげ　③もうふ　いちまい　④けいと　つくって

⑤ようふく　いとくず

①かみの毛　②まつ毛　③まゆ毛　④犬の毛　⑤羊毛　⑥毛ふ　⑦毛糸　⑧糸

P88　①みずたまもよう　かいました　②こども　おてだま　③ひかって

④ひかり　でんき　つくります　⑤にっこう　にほん　ゆうめい　かんこうち

①水玉　②十円玉　③玉ねぎ　④光る　⑤光　⑥日光　⑦電光　⑧かん光

P89　ふくしゅう
【1】1．いと　2．たんきな　3．ころもがえ　4．ようもう　5．でんこう　6．ようがく
7．おてだま　8．しふく　9．けいと　10．いしょくじゅう
【2】1．洋服　2．光って　3．水玉　4．短く　5．光　6．東洋し　7．毛ふ　8．衣料品
9．まつ毛　10．かん光地
P90　アチーブメントテスト（配点：【1】【2】は各2点、【3】は各3点）
【1】1．おっと　2．ずがこうさく　3．とっきゅうでんしゃ　4．おもいだしました
5．せいようりょうり　6．いふく　7．ゆうめいじん　8．いとくず　9．ひかり　10．りょうきん
【2】1．毎年　2．週休　3．まゆ毛　4．けい画　5．地図　6．夫ふ　7．公立　8．洋画
9．ようち園　10．短所
【3】①つま　②毛　③毎日　④料理　⑤こうえん　⑥先週　⑦おもって　⑧映画　⑨がめん　⑩画家
⑪かいがてん　⑫びじゅつ館　⑬けいと　⑭みずたま　⑮洋服　⑯特に　⑰どうぶつずかん　⑱有名な
⑲とくべつ　⑳思い出
P92　クイズ
【1】1．地図　2．公園　3．画家　4．映画　5．図書館　6．主人公
【2】①土　②夜　③何　様　④妻　⑤料　⑥週　⑦特
【3】①とくしゅう　②ひかる　③ふく　④みじかい　⑤まち　⑥まつげ
【4】1．周→週　2．晩→映　3．工→公　利→理　4．飲→館

P94　まとめテスト　1～4章（配点：【1】【2】は各2点、【3】は各3点）
【1】1．けいかく　2．みずたま　3．ころもがえ　4．はやくち　5．へや　6．さっか
7．じゅうしょ　8．そだてで　9．ようふく　10．しゅうでん
【2】1．親切　2．屋上　3．荷物　4．午前　5．有名　6．料理　7．会話　8．地図
9．家族　10．姉妹
【3】①あね　②先週　③きゅうに　④おねえちゃん　⑤兄　⑥銀行　⑦はたらいて　⑧名前　⑨映画
⑩ちかく　⑪公園　⑫ふうふ　⑬ほっかいどう　⑭し店　⑮りょうしん　⑯住んで　⑰京都　⑱とおい
⑲けいと　⑳思って

●5章-1
P97　①ちかてつ　えき　ともだち　あいました　②てつどう　ひこうき　じかん　りょうきん　やすい
③まいあさ　てつぶん　おおい　しょくひん　たべる　④しちじ　えき　にしぐち　あいましょう
⑤わたし　いえ　えき　じゅうごふん　ところ
①鉄　②地下鉄　③鉄分　④鉄道　⑤駅　⑥駅いん　⑦駅長　⑧二つ目の駅
P98　①のる　でんしゃ　のりおくれて　②くるま　こども　のせる
③じょうしゃ　きゃくさま　あしもと　き　④おりて　みぎ　えき　⑤ろくがつ　あめ　ふります
①乗る　②乗せる　③乗り場　④乗客　⑤降りる　⑥降ろす　⑦降る　⑧降車口
P99　①でいりぐち　うえ　のる　さゆう　ひらきます　②すこし　あけても
③かいか　さんがつ　しがつ　④あめ　ふって　しめて　⑤しまります　にもつ　からだ　き
①開く　②開く　③開閉　④開園　⑤公開　⑥開場　⑦閉じる　⑧閉店
P100　①とうきょうえきはつ　しはつ　しんかんせん　のって　きょうと　いきました
②こねこ　むいか　はっけん　③しゅっぱつ　にじかんまえ　④えき　ついたら　でんわ　いきます
⑤ふった　とうちゃく　さんじかん　おくれました
①発明　②開発　③発音　④発足　⑤着る　⑥着物　⑦着地　⑧一着

P101　ふくしゅう
【1】1．しはつ　2．ふったら　3．きもの　4．へいてん　5．ついたら　6．ひらいて
7．のりば　8．しめて　9．うわぎ　10．ちかてつ
【2】1．着ている　2．駅前　3．とう着　4．遅こく　5．発見　6．開けても　7．降りる
8．乗客　9．開園　10．出発
●5章－2
P103　①しゃちょう　まじえて　②かみ　なか　いちまい　まざって
③たけなかせんせい　こども　まじって　④まいにち　さんじゅっぷん　がっこう　かよって
⑤わたし　すんでいる　まち　こうつう　べんり　すみやすい
①交わる　②交ぜる　③交さてん　④交りゅう　⑤通る　⑥大通り　⑦通きん・通学　⑧一方通行
P104　①だいどころ　はは　ちょうしょく　つくって　②いもうと　あし　はやく　だい
③えきまえ　なんだい　とまって　④じしん　でんき　すいどう　とまって
⑤あめ　ふったら　あした　ちゅうし
①三台　②台所　③荷台　④高台　⑤台ふう　⑥止まる　⑦止める　⑧きん止
P105　①かおいろ　②わたし　いろ　ようふく　きます　③にじゅうよんしょく　④あかい　きている
⑤しんごう　あか　とまって
①七色　②色紙　③特色　④赤い　⑤赤ペン　⑥赤　⑦赤道　⑧赤はん
P106　①きいろ　あめ　ふっても　めだちます　②きいろくて　はな　③あおい　しろい
④しんごう　あお　⑤ひとり　せいねん　でんしゃ　おとしより
①黄色　②黄金　③らん黄　④青い　⑤青しん号　⑥青空　⑦青年　⑧青しゅん
P107　ふくしゅう
【1】1．いっぽうつうこう　2．せきどう　3．まじえた　4．だいどころ　5．ちゅうし
6．らんおう　7．とおる　8．かおいろ　9．こうさてん　10．せいねん
【2】1．通って　2．黄色い　3．台ふう　4．交ざって　5．青い　6．交通　7．茶色い
8．止まって　9．二通　10．大通り
●5章－3
P109　①びょうき　たべもの　き　②きんじょ　びょういん　いったら　じかん　ごぜん
③いっしゅうかん　にゅういん　あした　たいいん　④だいがく　だいがくいん　おもいます
⑤あね　まいつき　びよういん　いきます
①病気　②病院　③入院　④退院　⑤院長　⑥通院　⑦大学院生　⑧寺院
P110　①こども　いしゃ　②あに　いま　いがくぶ　ろくねんせい
③たなかいいん　いんちょう　めいい　いわれて
④かがく　はってん　わたしたち　せいかつ　つくって　⑤いきたい　だいがく　がくぶ　がっかめい
①医しゃ　②医学　③科目　④理科　⑤科学　⑥学科　⑦内科　⑧外科
P111　①しょくご　くすり　のんで　②あさ　いそいで　かぜぐすり　のみました
③いちじかん　まっている　きません　④にんき　はいる　さんじかん　まちました
⑤しゃない　いちばん　きたい　ひと
①薬　②かぜ薬　③薬きょく　④ずつう薬　⑤目薬　⑥待つ　⑦待ち時間　⑧き待
P112　①わたし　うえだ　あった　き　あいました　②ちから　あわせて
③あした　じゅうじ　えき　ひがしぐち　しゅうごう
④さんじっぷん（さんじゅっぷん）　いま　じかん　はかります　はじめて
⑤やすみ　かぞく　りょこう　いく　けいかく　たてます
①合う　②こたえ合わせ　③合かく　④待合室　⑤会計　⑥合計　⑦計さん　⑧時計

P113　ふくしゅう
【1】1．あわせて　2．いがくぶ　3．けいかく　4．びょうき　5．ろっかもく　6．かいけい
7．やっきょく　8．だいがくいん　9．はかります　10．きたい
【2】1．薬　2．合う　3．医しゃ　4．外科　5．合計　6．病院　7．時計　8．待ちました
9．学科　10．こたえ合わせ
P114　アチーブメントテスト（配点：【1】【2】は各2点、【3】は各3点）
【1】1．あけて　2．かおいろ　3．えきいん　4．まち　5．のって　6．たいふう　7．まざって
8．おりる　9．にゅういん　10．しめても
【2】1．乗車　2．合計　3．開園　4．薬　5．着く　6．計画　7．交りゅう　8．科目
9．赤い花　10．青年
【3】①かいはつ　②交通　③地下鉄　④とおって　⑤駅　⑥のりば　⑦じょうきゃく　⑧通学
⑨とまる　⑩しはつ　⑪ついて　⑫開く　⑬おりて　⑭おおどおり　⑮病院　⑯黄色　⑰こうさてん
⑱時計台　⑲待ち合わせ　⑳開店前
P116　クイズ
【1】1．赤　2．黄　3．白　4．茶　5．緑　6．白・黒　7．赤・黄・青
【2】1．①ないか　2．②びょういん　③まちあいしつ　3．④おかいけい　⑤くすり　⑥やっきょく
【3】1．①待　②様　③内　④下　2．①駅　②止　3．①降　②様　③元　④気
4．①閉　②乗
【4】①駅　②急　③緑　④静　⑤住　⑥所　⑦時　⑧計　⑨台　⑩公　⑪園　⑫番　⑬家　⑭族
⑮待

●6章－1
P119　①にゅうしゃ　しゃいんけんしゅう　②だいがくいん　くすり　かいはつ　けんきゅう
③なつやすみ　じゆうけんきゅう　かわ　いきもの　④Aだいがく　けんきゅうしゃ　⑤けんきゅうかい
①研しゅう　②研究　③研究者　④研究会　⑤研究所　⑥じゆう研究　⑦研究計画書
P120　①かたって　②はんとしまえ　にほんご　はじめました　③だいがく　ぶんがくぶ　はいりたい
④しょうらい　さくぶん　かきました　⑤ちゅうもん
①語る　②語学　③日本語　④イタリア語　⑤たん語　⑥作文　⑦文学部　⑧ちゅう文
P121　①ぼご　えいご　フランスご　はなせます　②えいこく　③りか　なか　とくに　かがく　すき
④わたし　にほん　ぶんか　⑤けしょうひんうりば　くちべに　かいました
①英さい　②英語　③文化　④化学　⑤化石　⑥変化　⑦化しょう品
P122　①のって　がくせい　にんずう　かぞえます　②がくせい　すうがく　にがて　③はは　こころ
④わたし　げんき　しんぱい　⑤しんりがく
①数　②数える　③数学　④数字　⑤数人　⑥心　⑦安心　⑧中心
P123　ふくしゅう
【1】1．あんしん　2．たんご　3．けんしゅう　4．かがく　5．さくぶん　6．かたって
7．かず　8．けしょう　9．こころ　10．じゆうけんきゅう
【2】1．数学　2．日本語　3．数えます　4．中心　5．文けい　6．研究所　7．文化
8．ちゅう文　9．英語　10．心理学
●6章－2
P125　①うえださん　みっつ　わかい　②でんしゃ　なか　わかもの
③ゆうめいじん　ひと　あつまって　④あつめる　⑤あした　あさはちじ　しゅうごう
①若い　②若もの　③集まる　④集める　⑤集合　⑥集中　⑦文集　⑧ぼ集

P126 ①わたし　しんゆう　ごうコン　しりあって　②だいがく　ごうかく　つうち
③だいがく　のみかい　おさけ　のみました　④ちかく　さかや　かいます
⑤おさけ　なか　にほんしゅ　いちばん　すき
①知り合う　②知しき　③知人　④通知　⑤お酒　⑥い酒屋　⑦日本酒　⑧飲酒うんてん
P127 ①あわせて　うた　うたいます　②はは　はなうた　うたい　③こども　かしゅ
④へや　わかもの　わらいごえ　きこえます　⑤きむらさん　せいりょう　うた　じょうず
①歌を歌う　②はな歌　③歌手　④校歌　⑤大きな声　⑥話し声　⑦なき声　⑧音声
P128 ①あした　りょこう　たのしんで　②ごうコン　たのしい　③きょう　らく
④よる　まえ　おんがく　ききます　⑤ことし　なにか　がっき　はじめたい　おもって
①楽しい　②楽な　③楽勝　④楽き　⑤音楽　⑥声楽　⑦洋楽
P129 ふくしゅう
【1】1. しりあいました　2. うたいました　3. おんせい　4. つうち　5. わかもの
6. いんしゅうんてん　7. おんがく　8. こえ　9. かしゅ　10. あつめて
【2】1. お酒　2. 集まって　3. 校歌　4. はな歌　5. 集中　6. 楽しかった　7. 知って
8. 若い　9. わらい声　10. 知しき

●6章－3

P131 ①あじ　ちょうみりょう　たしましょう　②りょうり　あじみ　③いみ　じしょ
④しんせんな　さかな　あじわって　⑤あぶら
①味　②味見　③ちょう味料　④い味　⑤油　⑥石油　⑦しょう油・ラー油
P132 ①わたし　ふとい　すき　②たべすぎ　ふとって　③かのじょ　あし　ほそくて　ながい
④くらい　みち　ひとり　こころぼそい　⑤こまかく
①太い　②太る　③太よう　④太へい洋　⑤細い　⑥細長い　⑦細かい　⑧明細
P133 ①さらあらい　②こざら　にまい　③さんど　めし　どくしょ　すき
④ゆうはん　ざいりょう　かい　いきます
⑤あたらしい　すいはんき　こめ
①皿　②小皿　③とり皿　④はい皿　⑤飯　⑥夕飯　⑦すい飯き　⑧昼ご飯
P134 ①むぎ　つくられて　②こむぎ　つかって　たべました
③むぎちゃ　すいとう　いれて　いきましょう　④きょう　むぎわらぼうし　でかけます
①麦　②小麦　③大麦　④麦茶　⑤麦わらぼうし
P135 ふくしゅう
【1】1. こむぎこ　2. ふとって　3. せきゆ　4. ひるごはん　5. おさら　6. あじみ
7. めいさい　8. ほそい　9. ごまあぶら　10. あじわいました
【2】1. 麦茶　2. 太い　3. ちょう味料　4. 心細い　5. 太へい洋　6. 夕飯　7. 味
8. とり皿　9. 油　10. 細かい
P136 アチーブメントテスト（配点：【1】【2】は各2点、【3】は各3点）
【1】1. けんしゅう　2. たんご　3. こころ　4. かがく　5. しって　6. こえ　7. らく　8. いみ
9. すいはんき　10. こまかく
【2】1. 語る　2. ちゅう文　3. 集中　4. 若もの　5. 日本酒　6. 味見　7. 石油　8. 話し声
9. 音楽　10. 皿あらい
【3】①しんりがく　②語学　③英語　④にほんぶんかろん　⑤ぶんしょう　⑥研究　⑦人数　⑧かず
⑨若い人　⑩楽しそう　⑪お酒　⑫あつまって　⑬うたったら　⑭こえ　⑮知り合い　⑯しょうゆ
⑰あじ　⑱太い　⑲細い　⑳しりました

P138　クイズ
【1】①心理学　②英語　③日本文化ろん　④英文学　⑤日本語　⑥研究
【2】①ごうコン　②しりあい　③かしゅ　④こえ　⑤たのしみ　⑥なごやえき　⑦とけいひろば
⑧まえ　⑨しゅうごう
【3】文　料　油　皿　太　細　味　生　麦　茶　麦　茶　会　千　七　百　五　十　円

●7章 -1
P141　①ことし　はる　とし　②しんしゅん　もうしあげます
③しゃかいじん　わたし　せいしゅん　おわりました　④まいとし　なつ　いきます
⑤きょう　きおん　にじゅうごど　いじょう　なつび
①春休み　②立春　③春分の日　④青春　⑤夏休み　⑥しょ夏
P142　①あき　くだもの　②しゅうぶんのひ　ちち　いきました
③ふゆやすみ　じゅうにがつにじゅうさんにち　はじまります　④きょう　まふゆ
⑤とうきオリンピック　にほん　せんしゅ　きんメダル
①秋　②秋分の日　③立秋　④冬　⑤ま冬　⑥春夏秋冬
P143　①いえ　はんとしまえ　あきや　②あめあがり　そら　あおくて
③わたし　おとうと　しょうがくせい　からて　④ひこうき　とうきょう　じょうくう　⑤よぞら　ほし
①空きカン　②空く　③空ける　④空　⑤空　⑥空気　⑦空こう　⑧火星
P144　①ほし　くも　みえません　②あまぐも　でて　あめ　ふる
③きょねん　しがつ　にほん　きました　④みて　かこ　おもいだしました　⑤たいせつな　しょうきょ
①雲　②せきらん雲　③去る　④去年　⑤か去　⑥しょう去　⑦し去
P145　ふくしゅう
【1】1. はる　2. かせい　3. くも　4. なつやすみ　5. きょねん　6. しゅんかしゅうとう
7. あいたら　8. ほし　9. あき　10. そら
【2】1. 空きカン　2. 空けて　3. せきらん雲　4. 春分の日　5. 去って　6. 冬休み　7. ま冬
8. 夏　9. 空気　10. か去
●7章 - 2
P147　①あさ　てんき　ごご　あめ　ふって　②てんきよほう　きょう　はれる
③うてん　うんどうかい　ちゅうし　④こども　てんし　⑤きょう　くも　ひとつ　かいせい
①天気　②雨天　③天使　④天空　⑤晴天　⑥晴れる　⑦かい晴
P148　①さむい　おもって　そと　みたら　ゆき　ふって　②とうほくちほう　おおゆき　ふった
③たいふう　ちかづいて　あめ　かぜ　④ふうしゃ　つかって　でんき　つくります
⑤めいじじだい　にほん　ようふう　せいかつ
①雪　②雪ぐに　③大雪　④新雪　⑤風速　⑥台風　⑦風車　⑧洋風・わ風
P149　①ゆうがた　かぜ　つよまって　②かわかみさん　ちから　つよい　③にく　つよび
④びょうき　そふ　からだ　よわって　⑤きのう　おおあめ　よわまって
①強める　②強風　③弱める　④弱い　⑤弱小チーム　⑥強弱
P150　①きょう　あつかった　②たなかさん　なつ　ひしょち　いく
③せんせい　しょちゅうみまい　だしました　④さむい　あさ　たいへん
⑤まいにち　さむい　ぼうかん　かい　いきました
①暑さ　②もう暑日　③ひ暑　④暑中見まい　⑤寒さ　⑥寒気　⑦ぼう寒
P151　ふくしゅう
【1】1. よわくて　2. つよめましょう　3. さむい　4. たいふう　5. きょうふう　6. よわって

7. しんせつ　8. はれたら　9. うてん　10. もうしょび
【2】1. 強い　2. 雪　3. 暑くて　4. 天気よほう　5. 弱めて　6. 風　7. 天使　8. 弱火
9. 洋風　10. ぼう寒

●7章－3

P153　①なつやすみ　ちゅうごく　ひとりたび　②りょこう　いく　③やま　なか　りょかん
④おもそう　にもつ　もちましょう　⑤りょこうちゅう　しょじきん
①旅　②旅行　③旅館　④旅ひ　⑤持つ　⑥気持ち　⑦持ち物　⑧持病
P154　①なんでも　よのなか　②きむらさん　かちょう　ぶちょう　しゅっせ
③せかいいっしゅうりょこう　④まいにち　おおすぎて　げんかい
⑤そぼ　きょねん　はちじゅうさんさい　たかい
①世の中　②中世　③世間　④出世　⑤21世き　⑥世界　⑦げん界　⑧げいのう界
P155　①いちばん　ひだり　うつって　ひと　わたし　ちち　②ばしょ　しゃしん
③さかな　しんくう　はいって　ながもち　④しんじつ　はなして
⑤わたし　ちち　さんにんきょうだい　まんなか
①写る　②写す　③写生　④真夏　⑤真心　⑥写真　⑦真空　⑧真じつ
P156　①ふね　ほっかいどう　いきました　②ふね　のって　りょこう　せんちょう　しゃしん
③きゃくせん
①船　②客船　③船長　④風船
P157　ふくしゅう
【1】1. しゅっせ　2. うつって　3. ひとりたび　4. ふね　5. げいのうかい
6. りょかん　7. もって　8. よのなか　9. まんなか　10. きゃくせん
【2】1. 写して　2. 旅行　3. 写真　4. 世界　5. 気持ち　6. 真じつ　7. げん界　8. 持ち物
9. 旅ひ　10. 風船
P158　アチーブメントテスト（配点：【1】【2】は各2点、【3】は各3点）
【1】1. はれたら　2. しゃしん　3. ゆき　4. なつやすみ　5. りょこう　6. きょねん　7. ふね
8. よわい　9. あいたら　10. あつい
【2】1. 雲　2. 星　3. 寒い　4. 強風　5. 青春　6. 気持ち　7. 天気　8. 世界　9. 台風
10. 立秋
【3】①春　②持った　③なつ　④あつい　⑤ふね　⑥あき　⑦台風　⑧かぜ　⑨強く　⑩さった
⑪雲　⑫晴れて　⑬そら　⑭ふゆ　⑮空気　⑯寒い　⑰ほし　⑱ゆき　⑲写真　⑳旅行
P160　クイズ
【1】1. 夏　2. 春　3. 冬　4. 春　5. 冬　6. 夏　7. 秋　8. 春
【2】1. 春　2. 船　3. 写　4. 強　5. 夏
【3】1. 青春　2. 世界　3. 秋分の日

●8章－1

P163　①まいにち　ごじかん　にほんご　べんきょう　②もりかわさん　べんきょうか　なんでも
③まえださん　きんべんな　ひと　④ふゆ　かんじ　にせん　⑤びょうき　かんぽうやく　のむ　げんき
①勉強　②勉強家　③きん勉　④漢字　⑤漢数字　⑥漢わじてん　⑦漢方薬
P164　①まいにち　しゅくだい　にほんご　じょうず　②いって　やど　③へや　ひろい　しゅくはく
④いちばん　すきな　ほん　だいめい　⑤いま　わだい　えいが　なん
①宿　②宿題　③宿はく　④合宿　⑤新宿駅　⑥題名　⑦話題
P165　①もんだい　せんせい　しつもん　②でんき　とおす　せいしつ

③ぶん　よんで　あと　とい　④かいしゃ　ほうもん　さきに　でんわ　⑤でんわ　といあわせて
①質問　②せい質　③問い　④問う　⑤問題　⑥問題しゅう　⑦社会問題　⑧学問
P166　①にほんじん　えいご　おしえて
②いしかわせんせい　いちねんかん　にほんご　おそわりました
③だいがくいん　きょういくもんだい　けんきゅう　おもって　④がっこう　きょうしつ　ひろくて
⑤そと　あつい　しつない　きもち
①教える　②教わる　③教育　④教室　⑤教科書　⑥ぶっ教　⑦教じゅ　⑧研究室
P167　ふくしゅう
【1】1. しつない　2. ほうもん　3. おそわりました　4. とい　5. しゅくだい　6. かんぽうやく
7. きん勉な　8. けんきゅうしつ　9. しんじゅく　10. かんすうじ
【2】1. 題名　2. 質問　3. せい質　4. 教室　5. 漢字　6. 勉強　7. 問題　8. 宿
9. 教科書　10. 教えました
●8章－2
P169　①こころみる　たいせつ　②じつりょく　ためす　もぎしけん
③ししょく　ぎゅうにく　かいました　④せんじつ　しあい　み　いきました
⑤がっこう　しょどう　たいけん
①試みる　②試す　③試験　④試食　⑤試着　⑥試合　⑦じっ験　⑧体験
P170　①もんだい　こたえて　②こたえ　かく　かきましょう　③かいとうようし
④もんだい　かんがえても　⑤かく　なに　さんこう
①答える　②答え　③かい答　④考える　⑤考え方　⑥考えごと　⑦さん考し料　⑧思考
P171　①ただしい　こたえ　まる　かいて　②かんじ　せいかくに　③まるくて　あかい　たべもの
④まるめて　⑤わたし　あに　ほうがんなげ　せんしゅ
①正しい　②正かくな　③正かい　④正午　⑤正月　⑥丸い　⑦丸　⑧丸める
P172　①えき　とおくて　ふべん　②べんきょう　じかん　あした　ふあん
③うんどうぶそく　からだ　④わたし　たなかさん　おなじ　まち　すんで
⑤せんしゅう　おがわさん　わたし　どうじに
①不便　②不安　③不合かく　④不思ぎな　⑤同じ　⑥同きゅう生　⑦合同　⑧同時
P173　ふくしゅう
【1】1. さんこう　2. ふしぎな　3. かいとうようし　4. しょうご　5. まる　6. こころみました
7. おなじ　8. ただしい　9. ふべん　10. ほうがんなげ
【2】1. 正月　2. 不合かく　3. 答え　4. 試験　5. 正かくに　6. 思考　7. 同きゅう生
8. 試して　9. 考えて　10. 答えて
●8章－3
P175　①にほん　せいちょう　せいじ　②にほんせいふ　いま　かだい
③だいとうりょう　さんねんかん　おさめて　④はやく　びょうき　なおして　げんき
⑤びょうき　ちりょう　じかん　おかね
①政治　②政治家　③政府　④治める　⑤治る　⑥治す　⑦治りょう　⑧かん治
P176　①ながい　ねんげつ　へて　にほん　くる　②だいがく　けいざい　べんきょう
③にほん　あいだ　けいけん　④すみました　いま　いきます
⑤がっこう　しゅくだい　すまして　かえります
①経る　②経済　③経験　④経えい　⑤済む　⑥済ます　⑦へん済
P177　①にほん　れきし　②れきだい　そうりだいじん　なまえ　いえますか
③がくれき　たいせつ　だいがくいん　④こうこう　せかいし　べんきょう

⑤だいがくいん　アメリカし　けんきゅう　おもって
①歴史　②り歴書　③学歴　④日本史　⑤世界史　⑥東洋史　⑦西洋史　⑧史学
P178　①くに　ゆうめいな　たべもの　なん　②にほん　こくご　かんじ　べんきょう
③いしゃ　こっかしけん　ごうかく　④らいげつ　こくおう　おこなわれます　⑤おうじさま
①国語　②国せき　③帰国　④外国　⑤国内　⑥国歌　⑦中国　⑧王様
P179　ふくしゅう
【1】1. こくおう　2. おさまりました　3. ちゅうごくし　4. れきだい　5. こっかしけん
6. きこく　7. ちりょう　8. へて　9. がくれき　10. すんだら
【2】1. 王様　2. 経済　3. 治して　4. 国　5. 経験　6. 政ふ　7. 済まして　8. 歴史
9. 治めました　10. 政治家
P180　アチーブメントテスト（配点：【1】【2】は各2点、【3】は各3点）
【1】1. やど　2. かんがえて　3. まるくて　4. かんぽうやく　5. ふべん　6. おしえる
7. なおったら　8. けいけん　9. すんだら　10. ためして
【2】1. 勉強家　2. 体験　3. 同時　4. せい質　5. 学問　6. 試食　7. 話題　8. 国王
9. 室内　10. 正月
【3】①国せき　②教室　③勉強　④かんじ　⑤ただしく　⑥宿題　⑦かんがえても　⑧もんだい
⑨質問　⑩答え　⑪おしえて　⑫試験　⑬ふあん　⑭せいじ　⑮歴史　⑯経済　⑰きこく　⑱くに
⑲がくれき　⑳同じ
P182　クイズ
【1】①しけん　②かいとうようし　③じゅけんばんごう　④ただしい　⑤こたえ　⑥まる　⑦しつもん
⑧もんだい　⑨おなじ　⑩かんじ
【2】①政　②治　③国　④経　⑤勉　⑥同　⑦歴
【3】1. 数→教　2. 宿→宿　3. 間→問　4. 済→済　5. 国→国

●9章 -1
P185　①にもつ　きょうしつ　はこんで　②くるま　うんてん　③てんき　ひ　うんどうする　きもち
④にちようび　こども　どうぶつえん　いく　⑤しゃしん　うごかないで
①運ぶ　②運動　③運てん手　④運　⑤動く　⑥動かす　⑦動物　⑧動作
P186　①きいて　はつおん　れんしゅう　②ひ　ひなんくんれん
③ひとり　はじめる　まえ　はは　りょうり　ならいました　④きょう　べんきょう　ふくしゅう
⑤にほん　しゅうかん
①練習　②くん練　③練る　④習う　⑤学習　⑥習字　⑦よ習　⑧習かん
P187　①しんかんせん　じそく　なんキロ　はしりますか　②きょうそう　③ちち　まんぽけい
④ほこうしゃ　ほどう　あるきましょう　⑤ちち　まいあさ　こうえん　さんぽ
①走る　②きょう走　③走しゃ　④歩く　⑤歩行しゃ天国　⑥歩道　⑦万歩計　⑧さん歩
P188　①およぎ　いきませんか　②およぐ　にがて　③がっこう　すいえいたいかい
④さいのう　ひと　こども　なにか　⑤てんさい　いわれて
①泳ぐ　②泳ぎ　③水泳　④ひら泳ぎ　⑤才のう　⑥天才　⑦才女
P189　ふくしゅう
【1】1. しゅうかん　2. およいで　3. うごきません　4. まんぽけい　5. すいえいきょうしつ
6. きょうそう　7. うごかす　8. ほどう　9. ならって　10. はこぶ
【2】1. 運動　2. 走らないで　3. 歩く　4. 才のう　5. 動物園　6. 練習　7. 泳ぎ　8. さん歩
9. 運転手　10. ひなんくん練

●9章－2

P191　①かんじ　じぶん　②とし　しぜん　おおい　③じたく　おとして
④だいがく　しけん　ぜんぜん　じしん　⑤じもと　かいしゃ　つくった　てんねんすいサイダー　にんき
①自分　②自宅　③自しん　④自動車　⑤自習　⑥自力　⑦天然きねん物　⑧当然

P192　①ぼくじょう　うし　くさ　たべて　②くさばな　つくりました
③のって　そうげん　はしる　すきです　④まいとし　なつ　こうげん　⑤げんりょう　おおむぎ
①草　②草花　③かい草　④草原　⑤原作　⑥原いん　⑦原料　⑧高原

P193　①にほん　いちばん　おおきいみずうみ　②ふじさん　ちかく　やまなかこ　みずうみ
③こじょう　しょくじ　④たに　みながら　やまみち　⑤みる　けいこく　けしき
①湖　②湖水　③山中湖　④谷　⑤谷間　⑥谷川　⑦けい谷

P194　①うみ　やま　すきですか　②まいとし　なつやすみ　かいがいりょこう
③いって　うみべ　ふたり　あるきました　④あたり　ふるい　おおい　⑤へん　ひとやすみ
①海　②海外　③日本海　④海辺　⑤川辺　⑥辺り　⑦この辺　⑧近辺

P195　ふくしゅう
【1】1. かいがい　2. あたり　3. てんねん　4. そうげん　5. じぶん　6. ぜんぜん
7. こじょう　8. かいそう　9. へん　10. けいこく
【2】1. 草　2. 自然　3. 高原　4. 谷川　5. 近辺　6. 自宅　7. 原料　8. 海辺
9. 天然水　10. 湖

●9章－3

P197　①しょうがつ　ふるさと　かえって　②さいきん　おおきな　むらざと　ちかく　おりて
③こども　のはら　④とうきょうドーム　やきゅう　みに　いきました　⑤いちり
①里　②ふる里　③人里　④里帰り　⑤野山　⑥野きゅう　⑦野さい　⑧一里

P198　①おく　おおきい　②おくさま　③ほんだな　たかさ　おくゆき　④いけ　きんぎょ　およいで
⑤でんち
①奥　②奥地　③山奥　④奥ば　⑤池　⑥電池　⑦小池さん　⑧ちょ水池

P199　①むしかご　いれました　②もの　たべる　むしば　③なきむし
④あさはやく　もり　こんちゅう　いきました　⑤はね　ひろげた
①虫　②毛虫　③虫ば　④こん虫　⑤羽　⑥羽田空こう

P200　①まいあさ　なく　こえ　きこえます　②じゅぎょうちゅう　でんわ　なって　せんせい
③ちかく　てら　いって　ならしました　④ほっかいどう　うし　うま
⑤へや　おんなのひと　ひめい　きこえました
①鳴く　②鳴る　③鳴らす　④馬　⑤竹馬　⑥けい馬　⑦乗馬　⑧馬車

P201　ふくしゅう
【1】1. ひめい　2. いけ　3. むしば　4. はね　5. やまおく　6. のはら
7. じょうばきょうしつ　8. けむし　9. おく　10. やさい
【2】1. 鳴って　2. 馬　3. 電池　4. ふる里　5. こん虫　6. 池　7. 奥様　8. なき虫
9. 野きゅう　10. けい馬場

P202　アチーブメントテスト（配点：【1】【2】は各2点、【3】は各3点）
【1】1. ならい　2. たけうま　3. ほこうしゃ　4. じぶん　5. かいそう　6. げんりょう
7. いけ　8. はしりました　9. てんねん　10. ならします
【2】1. 湖　2. 乗馬　3. 奥様　4. 水泳　5. 海辺　6. 野きゅう　7. 運動　8. 当然
9. 天才　10. 練習
【3】①やまなかこ　②自宅　③辺り　④けいこく　⑤谷　⑥歩いて　⑦こうげん　⑧自然　⑨湖

⑩ほどう　⑪さんぽ　⑫草花　⑬虫　⑭なきごえ　⑮ふるさと　⑯はしった　⑰運動　⑱水泳
⑲こじょう　⑳馬

P204　クイズ

【1】①虫　②乗馬　③羽　④湖　⑤虫　⑥野原　⑦走　⑧雲

【2】1. 練習　2. 動　3. 野　4. 海

【3】①うんどう　②しぜん　③いけ　④ほどう　⑤じてんしゃ　⑥はしる

P206　まとめテスト　5～9章（配点：【1】【2】は各2点、【3】は各3点）

【1】1. たいけん　2. りょかん　3. なおったら　4. さむけ　5. まちあわせ　6. きょうかしょ
7. かんぽうやく　8. ちゅうし　9. しちゃく　10. きこく

【2】1. 運動　2. 政治　3. 医学　4. 質問　5. 宿題　6. 試験　7. 病院　8. 心細い
9. 研究　10. 自然

【3】①きょねん　②春　③ごうかく　④経済学部　⑤すうがく　⑥化学　⑦教室　⑧べんきょう
⑨問題　⑩お酒　⑪つよく　⑫おおごえ　⑬歌う　⑭たのしい　⑮同じ　⑯じてんしゃ　⑰たび
⑱計画　⑲しりあい　⑳写真

漢字マスター N4
Kanji for beginners

2012年 4月15日 第1刷発行
2019年 9月15日 第11刷発行

編著者 アークアカデミー
遠藤 由美子 齊藤 千鶴 下重 ひとみ
樋口 絹子 石橋 彩 細田 敬子

発行者 前田 俊秀
発行所 株式会社 三修社
〒150-0001 東京都渋谷区神宮前 2-2-22
TEL 03-3405-4511 FAX 03-3405-4522
振替 00190-9-72758
https://www.sanshusha.co.jp
編集担当 藤谷 寿子
編集協力 浅野 未華
デザイン 山口 俊介
DTP 有限会社ファー・インク
印刷製本 倉敷印刷株式会社

Printed in Japan ISBN978-4-384-05634-1 C2081